Bernd Imgrund

111 Kölner Kneipen, die man kennen muss

Mit Fotografien von Thilo Schmülgen

emons:

MIX
Papier aus verantwortungsvollen Quellen
FSC® C083411

Gestaltung: Barbara Thoben/Designbüro Lübbeke Naumann Thoben
Kartografie: Regine Spohner

Druck und Bindung: CPI – Clausen & Bosse, Leck
Printed in Germany 2022
Erstausgabe 2011
ISBN 978-3-7408-1753-4
Aktualisierte Neuauflage November 2022

Vorwort

Kennen Sie die Försterstube, das Scheffge oder die Restauration Thomas? Wissen Sie, woher Lokale wie der Tripse Bock, Bei d'r Tant oder Papa Madeo ihren Namen haben? Was hat der Schwazze Köbes mit der »Liz Taylor von Ehrenfeld« zu tun? Wo trank man sein Feierabendbier zwischen Fußballern des FC? Und führt ein Weg von der Blauen Muschel in die Kammer des Schreckens?

In diesem Buch geht es nicht um Gastrokritik, nicht darum, was das Kölsch kostet oder wie das Jägerschnitzel schmeckt. Sondern es geht um Geschichte und Geschichten, um 111 Kölner Kneipen, die schon ein paar Jährchen, wenn nicht Jahrhunderte auf dem Buckel haben. Die Palette reicht vom kölschen Brauhaus über die Veedelskneipe und die Weetschaff op d'r Eck bis hin zum altgedienten Szenetreff.

So manche historische kölsche Gaststätte hat in den letzten Jahren ihre Pforten für immer geschlossen. Andere leben bis heute fort, manchmal steht hier bereits die vierte, fünfte Generation hinter den Zapfhähnen. Köln ist reich an außergewöhnlichen kulturellen Sehenswürdigkeiten. Aber auch Kneipen spiegeln die Kultur einer Stadt – die Alltagskultur eben. Hier feiert man seine Taufe (beziehungsweise verschläft sie), hier trinkt man sein erstes Bier (oder auch das letzte), und hier lernt man nicht selten die Frau/den Mann fürs Leben kennen. Deshalb erzählen auch die über 135-jährige Langeler Dorfschänke Op d'r Eck, der kaum jüngere Flittarder Hof im rechtsrheinischen Norden oder das in einem neogotischen Bau untergebrachte Früh em Veedel in der Südstadt spannende und interessante Geschichten. Und nicht zuletzt: 111 Kölner Kneipen, das sind 111 feuchtfröhliche Ausflugsziele. In diesem Sinne: Prost!

111 Kneipen

tstube

Esse
un
drinke
op
Kölsche
Art

1 Alt Brück

Wiener Stühle am Jakobsweg

Jenseits des Mauspfads, wo es für Kölner Verhältnisse recht steil nach oben geht, da beginnt Alt Brück. Und ganz am Ende links liegt die gleichnamige Kneipe mit der auffälligen Fassade. Unter üppigen Weinranken präsentiert eine hübsch gewandete Dame ihren Kelch. Sei es Hathor, Osiris oder Dionysos' Schwester: Die Szene wirkt ausgesprochen einladend.

Das äußerliche Schmuckwerk stammt wie das gesamte Gebäude aus dem Jahr 1903. Der 1877 geborene Josef Heuser hatte zuvor bei der Kölner Energieversorgung gearbeitet - als Zähler-Ableser, ein Job, den es damals noch nicht allzu lange gab. Josef war dann auch der erste Wirt des Lokals, und er blieb es für die nächsten 45 Jahre. Der Schriftzug über der Weingöttin belegt, wie die Brücker Gastronomie zunächst hieß: »Zur Erholung«, liest man da. Vor der Tür spannte sich in der Frühzeit des Ladens eine Markise bis zur Straße, von der die Gäste durch ein Zäunchen geschützt waren. Und im Innern platzierte man sich auf sogenannte Wiener Stühle – elegant geschwungene, hölzerne Sitzmöbel. Darauf gesessen hat nicht zuletzt so mancher Pilger, bildet doch die Olpener Straße einen offiziellen Abschnitt des berühmten Jakobsweges.

Ur-Kneipier Josef und seine Frau Elisabeth hatten zwei Söhne, die bereits früh in der Restauration mitarbeiteten. Franz, der jüngere Heuser, ersetzte seinen Vater. Gesundheitlich angeschlagen absolvierte er zwar noch die Schichten während der Fußball-WM 1954, gab das Alt-Brück jedoch ab 1956 in die Hand von Pächtern. Viele weitere Wirtsleute versuchten sich an den Zapfhähnen, aber eine Ära wie die des alten Heuser kam nie wieder zustande. Die alten Kaffeehaus-Stühle sind zwar längst verschwunden, aber einen kleinen Biergarten gibt es wieder. Und im Innern ist auch der historische grüne Kachelofen der Heusers weiterhin zu bewundern. Angestocht wird er allerdings inzwischen nicht mehr.

Adresse Olpener Straße 951 | **Tel.** 0221/880 89 930 | www.alt-brück.de | **Öffnungszeiten** täglich ab 11 Uhr | **ÖPNV** Bahn 1, Haltestelle Brück/Mauspfad | **Sonstiges** Kleine Speisen, Biergarten

2 Alt Neppes

Ein Stößchen Dunkel för ömesöns

Viel Holz, eine lange, ums Eck laufende Theke und eine treue Stammkundschaft, die den Laden auch schon um die Mittagszeit zu einem lebhaften Treff macht: Das Alt Neppes ist das Paradebeispiel für eine kölsche Eckkneipe. Gegründet gegen Ende der 1950er Jahre, hieß das Lokal zunächst »Teisner«. Das Haus kam dann in den Besitz der Familie Becker, die ein paar Meter weiter den Golde Kappes führte. Sie ließ das Gebäude komplett abreißen und installierte im Parterre des Neubaus das Alt Neppes. Als Wirtspaar zogen sodann Eddy und Käthchen Werres hier ein.

Von besonderer Bedeutung für den Umsatz des Alt Neppes war lange die KVB. Direkt vor der Tür lag nämlich eine Bahnhaltestelle, die tagtäglich Laufkundschaft hereinspülte. Die Gleise gen Norden bildeten seinerzeit den am stärksten frequentierten Streckenabschnitt des Kölner Netzes jenseits der Innenstadt. Mit der Inbetriebnahme der U-Bahn 1974 endete diese Ära.

Nach Eddy Werres' Tod führte seine Frau und danach deren Tochter die Wirtschaft, bevor 1995 Helga Faust die Geschäfte übernahm. Die Ur-Nippeserin kennt das Lokal seit ihrer Kindheit, als sie zusammen mit ihren Eltern hierherkam. Gern erinnert sie sich an das Stößchen Dunkelbier, das es für die Pänz stets »för ömesöns« gab. Einschlägige Gastronomie-Erfahrungen sammelte sie später im alten Friesenviertel, unter anderem in der einstigen »Wallstreet« an der Ecke Friesenwall und Palmstraße. Ihre einzige Neuerung im Alt Neppes betraf die undicht gewordenen bunten Bleiglasfenster, die durch verbleites Klarglas ersetzt wurden. Seitdem strömt hier zuweilen diffuses Sonnenlicht in den Saal und schenkt ihm einen goldbraunen Anstrich.

Zugenommen haben in den letzten Jahren die FC-Devotionalien an den Wänden. Ansonsten jedoch hat sich hier an der Einrichtung seit Mitte der 1960er nichts mehr geändert. Warum auch!

Adresse Neusser Straße 301, Nippes | **Tel.** 0221/76 15 38 | www.alt-neppes.de |
Öffnungszeiten täglich ab 10 Uhr | **ÖPNV** Bahn 12, 15, Haltestelle Florastraße |
Sonstiges Kleine Speisen, Außengastronomie

3 Alt Poller Wirtshaus

Trinken »bei Küsters«

Zum Alt Poller Wirtshaus gelangt, wer von der Siegburger Straße rechts auf die Salmstraße zum alten Ortskern hin abbiegt. Benannt wurde die Straße 1909 nach jenem schmackhaften Fisch aus der Familie der Lachse, den man früher in großer Zahl auch im Rhein fangen konnte. Poll ist ein altes Fischerdorf, und einen Teil seiner Geschichte hat auch das Alt Poller Wirtshaus mitgeschrieben.

Vermutlich stammt das Gebäude aus derselben Zeit wie die 1864 erbaute Kirche St. Joseph schräg gegenüber. Belegt ist jedenfalls, dass hier 1871 der Küster Wilhelm Paffendorf mit seiner Familie einzog. Ab 1892 trug das Wirtshaus den Namen »Restauration zur Post«. Nicht nur war hier seinerzeit eine Poststelle eingerichtet worden, nein, hier stand auch das erste Poller Telefon. Wilhelm Paffendorf drückte der Gemeinde in mancher Hinsicht seinen Stempel auf: Er gründete den bis heute bestehenden Poller Kirchenchor und nahm 1878 am ersten Poller Schützenfest teil – erfolgreich. Zwar schoss er nicht den Vogel ab, errang aber immerhin den Silbernen Stern für den besten Treffer. Und weil auch spätere Familienmitglieder der Pfarrei als Küster, Organist oder Chorleiter dienten, nannte man die Gaststätte lange Zeit einfach »bei Küsters«. Zusammen mit St. Joseph und der 1910 fertiggestellten Südbrücke zählte die Restauration damals zu den Wahrzeichen und Postkartenmotiven des rechtsrheinischen Vororts.

Vor rund fünfhundert Jahren gehörte dieses Grundstück nahe dem Rhein zu einem Gut namens Kielshof, das der Deutzer Abtei St. Heribert unterstand. Namenswechsel gab es hier seither so einige, vom Alt Poller Wirtshaus spricht man erst seit der letzten Renovierung im Oktober 2008. Geblieben ist der beliebte Biergarten, in dem man ein kölnweit recht seltenes Gebräu serviert bekommt: frisch gezapftes Meckatzer Weißgold, eine Bierspezialität aus dem Allgäu.

Adresse Poller Hauptstraße 28, Poll | **Tel.** 0221/992 71 52 | www.alt-poller-wirtshaus.de | **Öffnungszeiten** Mi–Sa ab 15, So ab 12 Uhr | **ÖPNV** Bahn 7, Haltestelle Poll/Salmstraße | **Sonstiges** Brauhausküche, Biergarten

4 Anno Pief

Kölsch auf der Kirchenbank

Das Anno Pief verdankt sich stadtplanerischem Kalkül. Üblicherweise öffnen Kneipen nur dort, wo vorher schon eine drin war. Hier am Stavenhof jedoch lag bis 1981 eine ganz normale Wohnung. Zu der Zeit hatte der »Stüverhoff« seinen Ruf als berüchtigte Rotlichtgasse bereits verloren, der Wohnraum hier wurde aufgewertet. Städtischerseits spekulierte man für die Zukunft auf studentische Mieter, und die sollten zur festeren Verwurzelung eine lokale Pinte erhalten. So kam damals die Dombrauerei an eine nagelneue Gastro-Konzession.

In der Frühzeit stand das Lokal in symbiotischer Beziehung zum ehemaligen »Weinhaus Esser« (heute »Extrablatt«) an der Ecke Lübecker Straße und Gereonswall. Da man dort bereits gegen 21 Uhr dichtmachte, wanderten die Trinker gern geschlossen hinüber zum Anno Pief. Gegen Ende der 1980er Jahre wandelte sich der Laden dann unter neuer Führung in eine Nachtkneipe und bekam prompt Ärger mit den neuen Anwohnern des Stavenhofs. Nicht minder problematisch verlief die Entwicklung ein Jahrzehnt später, als das Anno Pief vorübergehend zu einer ambitionierten Jazzkneipe mit Live-Musik und Fingerfood mutierte. Auch diese Phase wurde nach Protesten aus der Nachbarschaft beendet.

Seit 2001 dirigiert hier mit Patrick Sträter ein echter Jung aus dem Eigelstein die Hähne. Statt Tapas und Rotwein gehen nun wieder Frikadellen und Kölsch über die Theke, während die Inneneinrichtung komplett erhalten blieb. Mit dem Wort »urig« sollte man in Kneipenzusammenhängen vorsichtig umgehen, es klingt inzwischen arg abgenutzt. Aber auf das Anno Pief trifft es vollkommen zu. Dem bewahrenden Geist des Wirts verdankt sich unter anderem die Tatsache, dass man hier im hinteren Bereich des Raums auf echten Kirchenbänken Platz nehmen kann. Wo diese allerdings ausrangiert wurden, das weiß niemand mehr. Oder?

Adresse Stavenhof 8, Eigelsteinviertel | **Tel.** 0221/130 08 27 | www.anno-pief.de | **Öffnungszeiten** Di–So ab 18 Uhr | **ÖPNV** Bahn 5, 12, 15, 16, 18, Haltestelle Ebertplatz | **Sonstiges** Kleine Speisen

5 Apenrader Hof

Rund um das runde Leder

Die kurze Apenrader Straße gehört zu einem versteckten Ensemble nach dänischen Städten benannter Fahrwege in Neuehrenfeld. Zusammen mit der größeren Iltisstraße bilden sie ein Dreieck, an das sich gen Norden das Stadion des SC West anschließt. Der Traditionsverein hat in seiner über hundertjährigen Geschichte Höhen und Tiefen erlebt, wurzelt aber inzwischen wieder fest im Veedel. Während vergleichbare Clubs zumeist lediglich über einen kleinen, zu Meisterschaftsspielen geöffneten Ausschank verfügen, kann der SC West in dieser Hinsicht groß auftrumpfen. Denn mit dem Apenrader Hof verfügt der Verein über eine veritable Vereinsgaststätte.

Das runde Leder spielt hier eindeutig die Hauptrolle. Pokale, Urkunden und Wimpel aus der Vereinsgeschichte schmücken die Wände. Auch dem großen FC wird gehuldigt, sämtliche Spiele der Geißböcke können per Fernseher verfolgt werden. Im Winter wärmen sich im Apenrader Hof die Spielereltern bei Kaffee und Tee. Im Sommer verlockt die rustikale Terrasse zu einem Bier oder zwei im Freien. Wie die dortigen Holzbänke, so offerieren auch sämtliche Plätze im Innern einen guten Blick auf den mit Kunstrasen bestückten Fußballplatz. Ein kleiner, zum Platz hin ausgerichteter Erker verspricht dabei sogar ein wenig Intimität. In den 1990ern kam dem Vorstand die wagemutige Idee, das bis dato gepachtete Vereinsgelände samt Kneipe von der Stadt zu kaufen. Aber die Sache ging schief, 2013 musste die Insolvenz angemeldet werden. Zeitweise stand die Zukunft des kompletten Vereins auf dem Spiel. Den heutzutage angeschlossenen Saal jedoch hatte der Club noch selbst in Auftrag gegeben. Hier finden nicht nur die Vereinstreffen statt, sondern auch sonstige Festivitäten des Veedels. Denn so eng die Gaststätte mit dem Club verbunden ist, existiert sie doch zugleich als ein eigenständiges Kneipen-Restaurant.

Adresse Apenrader Straße 42, Neuehrenfeld | **Tel.** 0221/16 87 38 91 | www.apenrader-hof.de | **Öffnungszeiten** Mo–Fr ab 16, Sa u. So ab 9 Uhr | **ÖPNV** Bahn 5, Haltestelle Iltisstraße | **Sonstiges** Kleine und größere Speisen, hübsche Terrasse

6 Der Backes

Das »Zentrum fürs Wesentliche«

Als der Backes 1983 seine Pforten öffnete, existierte an der Altebürger Straße noch eine andere Kneipenlegende der Südstadt: das »Out«. Weil es damals noch Sperrstunden gab, war dort gegen ein Uhr Feierabend, und dann ging man eben zum Backes an der Darmstädter. Da waren um die Zeit zwar auch schon die Rollläden runter, aber man konnte klingeln und heimlich durch den Hausflur rein.

Für Barbara »Babsy« Petry und Franz »Fränzje« Kirchen, das Wirtspaar, stellte sich die Kneipierskarriere jedoch zunächst etwas anders dar. »In der Anfangszeit lief es fürchterlich, die Straße war tot. Außer dem Schuster gab es nichts.« Aber wie gesagt, das änderte sich, der Backes wurde ein neuer Treff für die Künstler, die Kunstbeflissenen und die ganz normalen Kölschtrinker der Südstadt. Schon bald erhielt er seinen sehr treffenden Spitznamen: das »Zentrum fürs Wesentliche«.

Vor der Backes-Ära befand sich hier im Parterre lediglich eine Wohnung. Aber »Backes« ist das kölsche Wort für Bäckerei, und irgendwann vor langer Zeit wurden in diesem Haus auch wirklich Brötchen gebacken. Davon zeugt zum einen der große Ofen im Keller und zum anderen das Zeichen über dem Balkonfenster im zweiten Stock: die Brezel im Wappen der Bäcker-Innung. Auch in der Kneipe selbst findet man einige an eine Bäckerei erinnernde Elemente, angefangen beim roten Backstein und dem überdimensionalen, einem Wimmelbild anmutendes Backes-Gemälde an der Wand. Nichts mit einem Ofen zu tun hat allerdings die kaminähnliche Säule in der Mitte des Raums. Die ist lediglich wichtig für die Hausstatik und enthält neben einem Doppel-T-Träger und Füllsand jede Menge Underberg-Fläschchen. Derselbe durstige Maurer puzzelte übrigens auch die Backofen-Rundbögen hinter dem Tresen zusammen. Und wer genauer hinsieht, erkennt auch hier den Underberg-Einfluss: Die Dinger sind krumm und schief.

Adresse Darmstädter Straße 6, Südstadt | Tel. 0221/31 11 67 | www.backeskoeln.de | Öffnungszeiten Mo–Fr ab 17, Sa ab 18, So ab 20 Uhr | ÖPNV Bahn 15, 16; Bus 132, 133, jeweils Haltestelle Chlodwigplatz | Sonstiges Kleine Speisen, Außengastronomie

7 Balthasar

Metamorphosen im Agnesviertel

Früher befand sich hier, an der Neusser Straße 40 im Agnesviertel, ein kleiner Tante-Emma-Laden namens Morschhäuser. Die aufkommenden Supermärkte fegten ihn hinweg, und so eröffnete dort 1963 stattdessen eine Kneipe. Das Balthasar, benannt nach der angrenzenden Straße, wurde zunächst von einem Norddeutschen mit thüringischen Wurzeln betrieben. Hans Bolzen konnte sich zudem auf die Hilfe seiner Frau verlassen, einer gelernten Kaltmamsell.

Seither hat das Balthasar so manche Wandlung durchgemacht, jeder der zahlreichen Pächter hat seine Spuren hinterlassen. So hing über der Theke etwa ursprünglich ein Flaschenregal von der Decke, und der Tresen selbst wurde von schweren Holzsäulen unterteilt. Dass er heute aus massivem Granit besteht, hat etwas zu tun mit der einstigen Wirtin Maria und einem steinverarbeitenden Verwandten. In den 1970er Jahren hingegen betrat man mit dem Balthasar eine Schifferkneipe voll maritimem Nippes.

Bevor 2001 in NRW die Sperrstunde aufgehoben wurde, war das Balthasar eine der wenigen Gaststätten mit einer Nachtkonzession. Hier traf sich zu später – oder sehr früher – Stunde alles, was noch nicht genug hatte von der Nacht. Dementsprechend gestaltete sich der Ruf des Lokals: Das Balthasar war eine Kaschemme vor dem Herrn.

Seit 2005 ist nun Helmut Gymnich der neue Chef hinterm Tresen. Der Multigastronom unterhält unter anderem das »Ehrenfelder Brauhaus« und führte für zwölf Jahre den »Stüsser« schräg gegenüber. Dort hatte er zur Wiederbelebung des Traditionslokals den Rheinischen Sauerbraten vom Pferd eingeführt, und Pferdefleisch bekommt man nun auch im Balthasar, wenn man es mag. Während die Speisekarte hier ausgesprochen weitläufig ist (»Kölsche Tapas«), bleibt die Zapfbierpalette auf das Notwendigste reduziert. Weil hier nämlich gar keine Leitungen existieren, kommt das Gaffel Kölsch ausschließlich aus dem Fass.

Adresse Neusser Straße 40, Agnesviertel | **Tel.** 0221/16 83 21 85 | www.balthasar-im-agnesveedel.de | **Öffnungszeiten** täglich ab 10 Uhr | **ÖPNV** Bahn 5, 12, 15, 16, 18, Haltestelle Ebertplatz | **Sonstiges** Kölsche Küche, Außengastronomie

8 Bei d'r Tant

Waagemeister, Schweineschlachter und Schankwirte

Die erste Kneipe ist hier für das Jahr 1864 nachgewiesen, der Besitzer hörte seinerzeit auf den passenden Namen Anton Gerhard Dollhausen. Das Haus selbst jedoch war deutlich älter. Hier hatten Menschen verschiedenster Gewerbe gelebt, unter anderem der Waagemeister des Kölner Flachskaufhauses Bertram Cüppers (Ende 18. Jahrhundert) und nach ihm mehrere Schweineschlachter. Auf den Schankwirt Dollhausen folgten binnen weniger Jahrzehnte zahlreiche Pächter, die sämtlich in finanzielle Schwierigkeiten gerieten. Nicht anders erging es der Witwe des Karl Höver, die das Haus 1930 ihren langjährigen Kneipenpächtern Arnold und Maria Kremer verkaufte. Hatte das Lokal bis dahin nur »Cäcilienschenke« geheißen, so bekam es nun seinen bis heute gültigen Zusatz. Dem Vernehmen nach hatte Frau Kremer ein Herz für Kinder und versorgte sie mit Zuckerstangen, sodass sie irgendwann für alle nur noch »die Tant« war.

Der von den Stammkunden geprägte Name setzte sich endgültig nach dem Krieg durch. Von dem Haus an der Ecke zur Antonsgasse war kein Stein auf dem anderen geblieben. Nach dem Tod ihres Ehemannes 1945 baute Maria Kremer die Tant wieder auf, bevor in den 1960er Jahren Otto und Adele Kugler an der Reihe waren. Hatte sich die Theke damals noch ganz rechts vom Eingang befunden, so entstand im Rahmen einer großen Renovierung 1983 die noch heute vorhandene Hufeisenform. Unter der Ägide der Familie Hennes wurde auch die Decke zum »Oberstübchen« geschlossen – zuvor hatte man von der dortigen Balustrade direkt in den Thekenraum hinunterschauen können. Obwohl die Wirtschaft eher irgendwo im Nirgendwo und zudem an der hässlichen Cäcilienschneise liegt, trifft man hier bereits mittags auf rege Gesellschaft. Zu dieser Tageszeit fällt im Idealfall die Sonne durch die bleigefassten Kneipenscheiben und bringt den grünen Kacheltresen zum Glänzen. Wohl dem, der dort sitzt.

Adresse Cäcilienstraße 28 (Ecke Antonsgasse), Innenstadt | Tel. 0221/257 73 60 | www.bei-dr-tant.de | Öffnungszeiten Mo–Sa ab 11 Uhr | ÖPNV Bahn 1, 3, 4, 7, 9, 16, 18, Haltestelle Neumarkt | Sonstiges Kölsche Küche, Außengastronomie

9 Bei Oma Kleinmann

Paula und der Wolf

Wenn Lokale solch einen Namen tragen, beziehen sie sich immer auf Legenden. Und dies trifft natürlich auch auf Paula Kleinmann zu. In Westfalen geboren, kam sie im Jahr 1941 nach Köln. Acht Jahre später übernahm sie zusammen mit ihrem Mann eine kleine Kneipe an der Zülpicher Straße. Vor dem Krieg hatte sie »Heinsberger Hof« geheißen, die Kleinmanns bevorzugten jedoch den Namen »Zum Goldenen Krug«. Schon bald florierte das Geschäft, das Lokal konnte erweitert werden: Wer heutzutage links im Sälchen sitzt, hätte früher Briefmarken verkauft. Dort befand sich nämlich eine Postfiliale.

Paula Kleinmanns Kochkünste wurden von den Gästen genauso geschätzt wie ihr nie versiegender Humor. Ihr Gatte Willi wiederum brachte gastronomische Erfahrung mit ein – auf seine Familie ging die Bickendorfer »Restauration Jakob Kleinmann« zurück. Über die Jahrzehnte speiste in dem uninahen Ecklokal so manche Generation von Studenten und Prominenten, und wenn es gar zu eng wurde, versorgte Oma Kleinmann sie auch im eigenen rückwärtig gelegenen Wohnzimmer.

Wie ihren Mann, so überlebte die vitale Wirtin auch ihren Sohn Gustav, der 2004 verstarb. Bereits ein Jahr zuvor hatte Enkel Ralf Kleinmann den Pachtvertrag gelöst, um sich auf seine Karriere als Footballer zu konzentrieren. Aber auch unter den neuen Wirtsleuten Olaf Wolf und Maureen Küther blieb Paula nicht untätig. Bis kurz vor ihrem Tod im November 2009 schälte die mittlerweile 95-Jährige alltäglich die Kartoffeln für den Restaurantbetrieb.

Geweihe an den Wänden, ein Dielenboden und eine elaborierte Schnitzelkarte: Bei Oma Kleinmann setzt man auf solide Erdverbundenheit. Der gebürtige Eifeler Wolf mit seiner Vorliebe für Oldtimer-Autos und -Motorräder ist Traditionalist und sieht deshalb keinen Grund, das Erscheinungsbild dieser alten Kneipe sonderlich zu verändern. Zum Glück.

Adresse Zülpicher Straße 9, Kwartier Latäng | **Tel.** 0221/23 23 46 | www.beiomakleinmann.de | **Öffnungszeiten** Di–So ab 17 Uhr | **ÖPNV** Bahn 9, 12, 15, Haltestelle Zülpicher Platz | **Sonstiges** Gutbürgerliche Küche, Schnitzelschwerpunkt, kleine Außengastronomie

10 Belz-Bierstuben

Eine geisterhafte Schwemme

Die Belz-Bierstuben ist eine sympathische kleine Kaschemme. Hier, im Schatten der Mülheimer Brücke, zeigt sich die Kölner Kneipenkultur nicht von ihrer Schokoladen-, sondern eher von ihrer Blutwurstseite. Wer das Belz betritt, fühlt sich urplötzlich an einen ganz anderen Ort versetzt, der zugleich ein wenig düster, fremd und reizvoll wirkt. Sieht man sich heute hier um, in diesem eigenwilligen, von der Zeit verbauten Schlauch, dann ahnt man nicht, wie anders es hier einst zuging. Denn die Bierstuben der Belz-Brüder war ein ausgesprochen feines Lokal, man legte Wert auf Etikette.

Noch Magdalene Faust, die hier von 1985 bis 2001 Regie führte, durfte laut Pachtvertrag kein Bier über den nackten Tresen reichen. Die Gäste hatten am Tisch beliefert zu werden, so wollte es die Schrulle der Belz-Brüder. In Magdalenes Ära fällt auch die Gründung eines hauseigenen Karnevalsvereins. Die »Kölschen Köpp« zeugen davon, dass hier vor noch nicht allzu langer Zeit ordentlich Leben in der Bude war.

»Kein Thekenausschank« – das stand womöglich schon 1872 über dem Tresen, als das Lokal von der Familie Belz eröffnet wurde. In zweiter Generation waren dann die besagten Brüder an der Reihe. Jakob und Heinrich Belz wirkten hier über Jahrzehnte, und man sagt, dass sie es waren, die nach dem Zweiten Weltkrieg als erste Mülheimer Gaststätte wieder Bier ausschenkten. Ihr Konzept: keine Speisen, dafür jedoch sechs, sieben verschiedene Sorten von (Premium-)Bieren. Als die Brüder in die Jahre kamen, stand für kurze Zeit die Idee im Raum, das Haus an der Adamsstraße in ein Studentenwohnheim zu verwandeln. Köln wäre dadurch ein echter Traditionsschuppen verloren gegangen. Als man 2014 ein neues Schild über die Tür hängte, war das sympathisch altmodische »n« am Ende verloren gegangen. Aber was soll's, sein Bier trinkt man in dieser musealen Schwemme noch immer gern.

Adresse Adamsstraße 1, Mülheim | Öffnungszeiten täglich ab 10 Uhr | ÖPNV Bahn 4, 13, 18, Haltestelle Wiener Platz

11 Bier-Esel

700 Jahre Bier unterm Grautier

Im Bier-Esel beruft man sich auf eine über 700-jährige Tradition, und das nicht zu Unrecht. Ein »Haus zum Esel« existierte auf der Breite Straße bereits 1297. Wahrscheinlich diente es direkt der Bierproduktion, denn ein 22 Jahre jüngeres Dokument bezeugt, dass hier ein Brauhaus betrieben wurde. Offenbar mit Erfolg: Der Esel taucht 1412 als eines von nur 21 Zunft-Brauhäusern in der Bier-Steuerliste des Magistrats auf. Dem gehobenen Standard gemäß verfügte das Lokal über eine einfache sowie eine Herrenstube für die feinere Gesellschaft. Als die französischen Besatzer die Zünfte 1798 auflösen, heißt der Besitzer Everhard Badorff. Auch unter preußischer Herrschaft scheint die kölsche Wirtschaft noch geraume Zeit floriert zu haben, aber 1873 war es damit vorbei: Der Esel musste schließen.

Zum Retter des Traditionsstandorts wurde 1892 die Sünner Brauerei. Die Kalker möbelten das Lokal wieder auf und mobilisierten ihre guten Kontakte zu den Muschelzüchtern der Nordsee. Mit der Übernahme von Fritz Austermühle im Jahr 1912 begründete der Bier-Esel seinen Ruf als eine der ersten Kölner Adressen in Sachen Muscheln. Dass dies bis heute gilt, verdankt sich dem zähen, erst 1962 abgeschlossenen Wiederaufbau nach der totalen Zerstörung. Fritz' Sohn Willy hauchte dem Esel neues Leben ein, in den folgenden Jahrzehnten mutierte das Lokal zu einer kölschen Institution. Zwischen August und Ostersonntag ist Saison, dann offeriert die Karte Muschelgerichte aus aller Welt.

Heutzutage trinkt und tafelt man hier in solidem Brauhausambiente, abgetrennt von den Speisetischen herrscht an der Theke eine echte Kneipenatmosphäre. Dank der zahllosen historischen Bügeleisen und Kaffeemühlen gesellt sich noch ein musealer Touch hinzu. Und jenseits dessen begegnet man natürlich dem namensgebenden Grautier auf Schritt und Tritt – der Esel i-aht fideler denn je.

Adresse Breite Straße 114, Innenstadt | **Tel.** 0221/257 60 90 | www.bier-esel.com | **Öffnungszeiten** Mo–Sa ab 12 Uhr | **ÖPNV** Bahn 3, 4, 16, 18, Haltestelle Appellhofplatz | **Sonstiges** Brauhausküche, Muschel-Schwerpunkt, Außengastronomie

12 Bierhaus en d'r Salzgass

Zurück zu den Wurzeln

Dieses große, gleichwohl gemütliche Kölner Brauhaus wuchs vor einigen Jahren wie ein lang verschütteter Phönix aus der Asche. Denn ein Brauhaus hatte hier über viele Jahrhunderte bestanden, bevor verschiedene Mutationen ... Aber der Reihe nach.

Rund vierhundert Jahre lang, ab ungefähr anno 1500, hieß das Lokal »Zur Täsch«, also zur Tasche. Für die Zeit davor sind laut dem Kölner Brauhausforscher Franz Mathar Namen wie »Zum Hunen« oder »Zum hohen Durpel« (= Türpfahl) belegt. Der letzte Brauer vor der Auflösung der Zünfte durch die Franzosen 1798 hieß Christian Schult, ein Ratsherr. Zur langen Liste seiner Nachfolger gehört unter anderem Gottfried Thelen (von 1858–1861), der zuvor im »Verlorenen Sohn« am Buttermarkt gearbeitet hatte, einem legendären, heute verschwundenen Brauhaus. 1897 dann betrieb ein Reiner Schallenberg die Sudkessel. Mit seinem Tod im Jahr 1904 und der Aufgabe des Hauses drei Jahre später durch seine Frau erlosch hier die Tradition des Bierbrauens.

Die »Täsch« wurde zu einer einfachen Schänke, die jedoch dank ihrer zentralen Lage stets gut besucht war. Der Großmarkt, damals an der heutigen Deutzer Brücke gelegen, bot den Händlern Anlass für eine Einkehr, hier soll es gern auch schon vormittags hoch hergegangen sein. Nach dem Zweiten Weltkrieg, so noch einmal Franz Mathar, wurde das Lokal zu einem Treffpunkt der Jazz- und Literaturszene.

Mit der Eröffnung des Bierhauses en d'r Salzgass im Jahr 2003 kehrte auch die ursprüngliche räumliche Aufteilung des Gebäudes zumindest teilweise zurück. Die typisch mittelalterliche zweistöckige Dielenhalle wurde großzügig freigelegt. Wie ein Zwischengeschoss funktioniert dabei die heutige Galerie mit ihren Panorama-Tischen. Und »Zurück zu den Wurzeln« heißt es auch in Sachen Bier: Denn mit Päffgen kommt hier das Kölsch einer klassischen Hausbrauerei auf die Ahorntische.

Adresse Salzgasse 5–7, Altstadt | Tel. 0221/800 19 00 | www.bierhaus-salzgass.de | Öffnungszeiten Di–Do ab 16, Fr–So ab 12 Uhr | ÖPNV Bahn 1, 7, 9, Haltestelle Heumarkt | Sonstiges Brauhausküche, Außengastronomie

13 Blue Shell

Die Bar zur Blauen Muschel

Je trendiger eine Szenekneipe daherkommt, desto schneller macht sie normalerweise auch wieder zu. Nicht so das Shell. Denn irgendetwas muss dran sein an diesem Design in Schwarz und Neonblau. Während der 1980er Jahre entsprach diese Kombination sogar den Klamotten der meisten Gäste: Man trug eine schwarze Lederjacke zur blauen Jeans oder alternativ eine schwarze Lederhose zur blauen Jeansjacke.

Für die gleichbleibend hohe Sogwirkung des Lokals sorgte von Beginn an die immer solide Beschallung. Hier wurden DJs engagiert, die sich mit ihrem Metier auskannten; hier war der Sound immer geschliffen scharf (und laut); und seit der berühmte Pooltisch nicht mehr ist (der mit den großen Taschen, in die man auch noch mit zwei Promille zuverlässig einlochte), existiert sogar eine kleine Bühne, über die regelmäßig Rockkonzerte und Poetry Slams gehen.

Es war Udo Baur, der das ehemalige »Haus Robertz« im Mai 1979 zusammen mit dem Multi-Gastronomen Frank Schauhoff neu erfand. Mit dem Blue Shell ließ man die modisch und musikalisch auf den Hund gekommenen 70er Jahre hinter sich. Der neue Laden stand stattdessen für Punk und New Wave (und Elvis, klar, der sowieso und immer), und im Hinterraum beschrieb die Spex-Redaktion den nächsten Avantgardesound. Der kam dann zum Beispiel später in Form von Blur, die hier 1990 ihr erstes deutsches Konzert gaben.

Auch nach 1994, als der gelernte Elektriker Rolf Kistenich die Leitung übernahm, musste investiert und umgebaut werden. Mehr als einmal stand das Shell auf der Kippe, immer wieder gab es Ärger mit der Obrigkeit. Waren es anfangs die wilden Schlägereien zwischen Teds und Rockern, so kamen später die Mäkeleien des Ordnungsamts an der angeblich fehlenden Schallisolierung hinzu. Aber, so das Fazit nach mittlerweile über dreißig Jahren: Die Blaue Muschel ist nicht zu knacken.

Adresse Luxemburger Straße 32, Kwartier Latäng | **Tel.** 0163/ 619 51 38 | www.blue-shell.de | **Öffnungszeiten** täglich ab 21 Uhr, bei Konzerten s. Homepage | **ÖPNV** Bahn 12, 15, 16, 18, Haltestelle Barbarossaplatz

14 Brauhaus am Kloster

Bier und Benediktinerinnen

An der Brühler Straße in Raderberg steht ein mächtiges, etwas verwunschen wirkendes Kloster. Unter der Obhut von Gründerin Mutter Josephine waren 1895 dreizehn Benediktinerinnen aus den Niederlanden in den Neubau gezogen. Und Josephine, so wollte es der Zufall, hieß auch die Frau des Wirts Christian Kohlgraf, der zehn Jahre darauf und nur ein paar Meter weiter eine Wirtschaft eröffnete. Wegen der räumlichen Nähe taufte man sie auf den Namen »Klosterschänke«.

Die Kohlgrafs, so erzählt Enkelin Gertrud, hatten hart um ihre Konzession ringen müssen. Im erst 1888 eingemeindeten Vorort Raderberg lohne sich keine weitere Kneipe, das Vorhaben sei zum Scheitern verurteilt. Aber die engagierten Wirtsleute bewiesen das Gegenteil. Die »Klosterschänke« überstand unter der Führung von Christians Bruder den Krieg, während die Familie zur Evakuierung nach Schlesien gezogen war. Wie die benachbarten Benediktinerinnen kehrten auch die Kohlgrafs bereits wenige Wochen nach dem Krieg zurück in die Heimat. 1954 übernahm dann Christians Sohn Jakob die Geschäfte. Ein erster Fernseher wurde angeschafft, in Raderberg verfolgte man die Fußball-Weltmeisterschaft und ihren bekannten, glücklichen Ausgang. Siebzehn Jahre lang stand Jakob Kohlgraf am Zapfhahn, danach wurde die Wirtschaft verpachtet. Seine Tochter Gertrud hatte zwar ein gewisses Interesse an der Übernahme, aber auch ihr Mann kam aus einer Wirtsfamilie. Mit dem Diktum »Unsere Kinder sollen nicht in der Kneipe aufwachsen« war es vorbei mit der Gastro-Tradition der Kohlgrafs.

Stattdessen mutierte die »Klosterschänke« 2009 nach aufwendigem Umbau zum »Brauhaus am Kloster«. Und während man hier nun kölsche und mediterrane Küche genießt, verdienen sich auch die Benediktinerinnen ihr Geld zum Teil mit der Herstellung von Verzehrbarem: Im Kloster wird nämlich Honig produziert.

Adresse Brühler Straße 108, Raderberg | **Tel.** 0221/80 04 85 91 | www.brauhausamkloster.de | **Öffnungszeiten** Mo, Mi–Fr ab 16, Sa u. So ab 14 Uhr | **ÖPNV** Bus 133, Haltestelle Rheinsteinstraße | **Sonstiges** Kölsche und mediterrane Küche, Außengastronomie

15 Brauhaus Sion

Unter Taschenmachern und Brauern

Bereits die Einrichtung des Sion-Hauses betont sehr dezidiert die historische Bedeutung des Ortes. So tafelt man etwa in der gediegenen Ratsstube mit Gemälden der Kölner Oberbürgermeister oder in der nicht minder edlen Präsidentenstube, in der man entlang den Wänden die Abfolge der kölschen Karnevalspräsidenten betrachten kann.

Und tatsächlich reicht die Brautradition Unter Taschenmacher ausgesprochen weit zurück. Das Sträßchen knapp innerhalb der alten römischen Stadtmauer hieß im 12. Jahrhundert »An Rindshuderen«, was sich auf die Verarbeitung von Rinderhäuten bezog. Hier arbeiteten also die Taschenmacher. Im ehemaligen Haus Zum Roten Ochsen (oder Kusins-Haus, heute Nr. 5) jedoch lebte und wirkte bereits 1318 ein Bierbrauer des Namens Johannes Braxator. Der Mann produzierte gängiges Medebier, das mit verschiedenen Kräutern und Honig versetzt war. Wie es sich für dieses Gewerbe gehörte, lag direkt hinter dem Anwesen ein Pütz, also ein Brunnen für das Brauwasser.

Seit der Jahrhundertwende und bis 1936 hatte das Brauhaus den Namen »Dombrauerei« (kölsch: der »Dombräues«) getragen. Die uns vertraute Sion-Epoche beginnt im Jahr 1912, als der einer Eifeler Brauerfamilie entstammende Jean Sion das Haus übernahm. Sein Sohn, der ausgebildete Brauer und Jurist Hans Sion, führte das Lokal ab 1936, im selben Jahr wurde das Wörtchen »Dom« an die Hirsch-Brauerei abgegeben (die später Dom-Kölsch brauen sollte). Sion junior stand bereits nach dem ersten Bombenangriff auf Köln 1942 vor den Trümmern seines Hab und Guts. Nach dem Wiederaufbau aber stieg Sion 1948 zum Vorsitzenden des Kölner Brauerei-Verbandes auf. Sein hohes Ansehen verdankte er nicht zuletzt der Tatsache, dass er seine Brauerkollegen stets darin bestärkte, die Finger von Untergärigem zu lassen und stattdessen Kölsch zu einer städtischen Marke zu entwickeln.

Adresse Unter Taschenmacher 5–7, Altstadt | **Tel.** 0221/257 85 40 | www.brauhaus-sion.de | **Öffnungszeiten** Mi–So ab 12 Uhr | **ÖPNV** Bahn 5, 16, 18, Haltestelle Dom/Hbf | **Sonstiges** Brauhausküche, Außengastronomie

16 Braustelle

Eine fast perfekte Kreislauf-Wirtschaft

Hier wird ein obergäriges Bier namens Helios gebraut, aber es darf sich nicht Kölsch nennen. – Wieso? Weil Braumeister Peter Esser nie versucht hat, in den hehren Kölner Brauerei-Verband aufgenommen zu werden. Und zudem weil sein Obergäriges nicht den gängigen optischen und geschmacklichen Regeln entspricht – Esser belässt es naturtrüb, das heißt, ein Teil der Hefe und damit auch einige Vitamine verbleiben im Bier.

Peter Esser ist Braumeister und Wirt zugleich. Angefixt wurde er durch eine »Hobbythek«-Brauanleitung des Kölsch-Luxemburgers Jean Pütz. Nach einem Praktikum im berühmten Füchschen lernte der gebürtige Düsseldorfer sein Handwerk an einer Technischen Hochschule in Bayern und arbeitete danach zunächst für sechs Jahre im »Weissbräu« am Barbarossaplatz. Seit 2001 betreibt er nun die geräumige Eckkneipe an der Venloer, Ecke Christianstraße.

In der Braustelle lässt sich eine beinahe perfekte Kreislauf-Wirtschaft studieren. Die Braukessel stehen direkt im Saal, darunter geht es in den Gärkeller. Rohstoffe und Nebenprodukte des Prozesses kommen umgehend im Restaurantbetrieb zum Einsatz: Braustellen-Schnitzel werden mit Weizenmalz paniert, das Brot wird mit Malztreber gebacken und das fertige Bier für die Soßen verwendet.

Weil der Ehrenfelder Braumeister ebenso experimentierfreudig wie mutig ist, entstehen in Kölns kleinster Brauerei auch diverse saisonale und Spezialbiere. Darunter immer wieder auch manch schräges Produkt, und manchmal sogar Alt. Das Düsseldorfer Gebräu läuft hier allerdings unter dem eingekölschten Label »Ehrenfelder Alt«, und unter uns gesagt: Es schmeckt gut. Ganz nebenbei kratzt Esser auch noch an anderen Mythen. Dass man Kölsch in schmalen Stangen ausschenkt, weil es sonst zu schnell schal würde, hält er für Unfug: »Kölsch könnte man genauso gut aus Maßkrügen trinken.«

Adresse Christianstraße 2, Ehrenfeld | Tel. 0221/285 69 32 | www.braustelle.com | Öffnungszeiten Di–Sa ab 18 Uhr | ÖPNV Bahn 3, 4, Haltestelle Leyendeckerstraße | Sonstiges Brauhausküche, Außengastronomie

17 Chlodwig-Eck

Böll, BAP und der Merowinger

Nach der endgültigen Vertreibung der Römer im 5. Jahrhundert traten zunächst die fränkischen Merowinger in ihre Fußstapfen. Ihr erster bedeutender König hieß Chlodwig, und nach ihm wurde auch der zentrale Platz in der Kölner Südstadt benannt. Nicht ganz so weit zurück reicht die Geschichte einer einflussreichen Kölner Kneipe, die bis 1979 genau an diesem Platz lag: das Chlodwig-Eck. Danach wechselte das Lokal auf die Ecke Severinswall und Annostraße. Hier trafen sich Veedelsflaneure und Kunststudenten, Abhänger und Ambitionierte, aber den berühmtesten Namen trug der Wirt: Clemens Böll, der erste Betreiber des Chlodwig-Eck, ist ein Neffe von Heinrich Böll, dem Kölner Literatur-Nobelpreisträger.

Auch andere, die hier ihr Kölsch tranken, wurden später berühmt. Ein Text über das Chlodwig-Eck wäre unzureichend ohne den Verweis auf BAP und Wolfgang Niedecken. Die erste Platte der Band (»BAP rockt andere kölsche Leeder«) erschien in ebenjenem Umzugsjahr 1979. Schon vorher war Wolfgang Niedecken häufiger Gast im Chlodwig-Eck, seine Stammkneipe bot ihm – mit und ohne Band – die Gelegenheit für erste Auftritte. Dafür wurde sie dann verewigt in Songs wie der »Ruut-wieß-blau querjestrievten Frau« (worauf sich zum Beispiel reimt: »Clemens, dunn noch ens zwei Schabau«).

Clemens Böll wurde 2017 unter großer Anteilnahme des Veedels beerdigt, Wolfgang Niedecken schrieb einen Nachruf. Im Chlodwig-Eck treffen alte BAP-Fans auf ein inzwischen verjüngtes Publikum. Seit über zwei Jahrzehnten betreibt mittlerweile Robert Hilbers das legendäre Lokal. Seine Patina ist unverwüstlich, wie eh und je ist diese echte Eckkneipe ein integraler Bestandteil des Vringsveedels. Hier feiert man Karneval, besucht Konzerte oder stellt sich an die lange, immer gut frequentierte Theke. Un Schabau jitt et och noch.

Adresse Annostraße 1–3, Südstadt | **Tel.** 0 0221/32 75 95 | www.facebook.com/chlodwigeck | **Öffnungszeiten** täglich ab 17 Uhr | **ÖPNV** Bahn 15, 16, Haltestelle Chlodwigplatz | **Sonstiges** Gemischte Speisekarte, Außengastronomie

18 Der Corkonian

Kölns ältester Irish Pub

Irish Pubs gibt es inzwischen wie Sand am Meer. Fast-Food-Buden vergleichbar, sind regelrechte Ketten entstanden, und das hölzerne Mobiliar samt pseudoantiken Bierwerbungsschildern kann man en gros im Gastrohandel erstehen. Ende der 1980er Jahre war das noch anders. Kölns erster Irish Pub »Dubliners« hatte noch nicht einmal solide Wände, handelte es sich doch um ein Rondell im Bazaar de Cologne an der Mittelstraße. Vom keltischen Kneipenflair war hier nicht viel zu spüren, eher erinnerte das Etablissement an eine Flughafenbar. Und nachdem ihm die Pacht in der aufstrebenden Shopping-Mall zu teuer geworden war, machte sich der Besitzer auf die Suche nach einer geeigneteren Umgebung. 1990 öffnete der Corkonian am Alter Markt seine Pforten und ist Kölns mittlerweile älteste irische Zapfstelle.

Auch hier dominierten von Beginn an die dunklen Holztöne. Eine ewig lange Theke mündet nach hinten raus in einen kleinen Saal. Stilecht: die niedrigen Tischchen mit den entsprechenden Hockern davor. Und selbstverständlich schreitet man im Corkonian nicht über Fliesen oder Linoleum, sondern über einen pubtypischen Teppich. Aber auch der Laden in der Altstadt hatte anfangs mit einem Problem zu kämpfen, das ihm das deutsche Reinheitsgebot aufbürdete: Guinness wird nicht mit Kohlensäure, sondern mit Stickstoff versetzt, und der war hierzulande verboten. Unter Einfluss von Kohlensäure jedoch wird Guinness zu Plörre, und die edelweiße, steife Krone zerfällt zu schmutzig-geflocktem Schaum.

Zum Glück sind diese Zeiten vorbei, die Pints im Corkonian gehen in gleichbleibend großartiger Qualität über den Tresen. Seit 2008 führt hier der passionierte Barmann Vincent Leggett Regie, ein gebürtiger Corker, der aber schon seit einer halben Ewigkeit in Köln lebt. »Das erste Guinness schmeckt nie«, sagt er. Aber ab dem zweiten, so fahren wir fort, hängt man dran.

Adresse Alter Markt 51, Altstadt | Tel. 0221/257 69 31 | www.thecorkonian.com | Öffnungszeiten täglich ab 14 Uhr | ÖPNV Bahn 1, 7, 9, Haltestelle Heumarkt | Sonstiges Außengastronomie

19 Das Dürr

Ringer, Gewichtheber, Motorradfahrer

»Männer aus Sülz, Herren aus Klettenberg«, so soll einst der Pfarrer von St. Bruno seine Schäfchen begrüßt haben. Und was dahintersteckt, ist klar: hier der Vorort für kleine Angestellte und Arbeiter, dort das Beamtenviertel. Die Gaststätte Dürr liegt an der Luxemburger Straße, aber auf der westlichen, der Klettenberger Seite. Zuletzt 2021 wurde das Dürr kernsaniert. Dass das weiterhin holzbetonte Ambiente seitdem deutlich heller wirkt, verdankt sich vor allem dem Einsatz von Schleifpapier und Leinöl.

»Hier hat es nie eine Schlägerei gegeben«, erinnerte sich einst ein Gast, der diese Theke an die sechzig Jahre besuchte. Und das obwohl der alte Herr Dürr in seinem ersten Leben Gewichtheber und Ringer gewesen ist. Klein, drahtig, die Hände hinter dem Rücken verschränkt; ein vielseitiger Mann, der 1927, als der Nürburgring eingeweiht wurde, mit seinem Motorrad dabei war. Die Dürrs waren zu Anfang des 20. Jahrhunderts aus Ulm an den Rhein gekommen. 1904 eröffneten sie in der Altstadt die »Blaubachschänke«, später dann den »Kölner Hof«. Der lag an der Sülzburgstraße, dort, wo heute die Sparkasse steht. Sie war es auch, die den Dürrs jenes Trümmergrundstück an der Luxemburger überließ, auf dem sich vor dem Krieg ein Lokal namens »Beins Museum« befunden hatte. Hier öffnete 1954 die Gaststätte Dürr ihre Pforten. Lange auch als Hotel geführt, wohnten dort zahlreiche FC-Spieler wie Tschik Cajkovski oder Heinz Hornig, bevor sie eine eigene Wohnung bezogen.

Ab 1965 standen dann Hans und Leni Dürr hinter dem Tresen, und das für vierzig Jahre. Es kursieren viele seltsame Geschichten aus dieser Zeit, und die verrückteste ist wahrscheinlich die von Hardy, dem DDR-Spion. Über seine Herkunft aus dem deutschen Osten verlor er nie ein Wort. Hardy Severin, wie er sich in Köln sinnigerweise nannte, liebte das Segeln und den Whiskey. Als er Mitte der 1980er Jahre aufflog, verließ er Deutschland gen Österreich.

Adresse Luxemburger Straße 339, Klettenberg | **Tel.** 0221/46 12 63 | www.gaststaette-duerr.de | **Öffnungszeiten** Di–Sa ab 16, So ab 12 Uhr | **ÖPNV** Bahn 13, 18, Haltestelle Sülzgürtel | **Sonstiges** Biergarten

20 Durst

Klein, düster, laut, klasse

Zunächst mal: Es heißt nicht »das«, sondern »der« Durst, so nennen ihn jedenfalls die Eingeweihten. Seinen wie die Faust aufs Auge passenden Namen hat der Laden einem Theaterstück zu verdanken. Der »Durst« des irischen Dichters Flann O'Brien (1911–1966) handelt von den verwinkelten – und schließlich glücklichen – Versuchen eines nächtlichen Trinker-Trifoliums, den auf die Sperrstunde pochenden Dorfpolizisten zum Mitbechern zu überreden.

Irgendwann in den 1970ern befand sich in dieser heiligen Spelunke eine Animierbar mit Damen aus dem Milieu, wie es im Eigelstein nicht ungewöhnlich war. Später residierten hier kaum minder zwielichtige Etablissements unter tunesischer und später marokkanischer Führung. Wer sich den Durst heutzutage ansieht, der mag sich, so er denn das dafür notwendige Alter besitzt, an eine andere Kneipe erinnert fühlen. Die hieß »Station«, befand sich unterhalb vom Bahndamm auf der Zülpicher Straße und wurde inzwischen sogar literarisch verewigt (Guy Helminger: »Die Ruhe der Schlammkröte«). Nach dem letzten Zapfenstreich in der »Station« saß hier unter anderem der kölsche Irish-Folk-Musiker Ecki Krupp auf dem Trockenen. Um sich und seinen Kumpels eine neue Tränke zu bieten, machte er sich quer durch Köln auf die Suche nach einer vergleichbaren Lokalität. Und wurde 1994 fündig: in der Weidengasse 87.

Der Durst, das freut den echten Kneipenkenner, ist eine Kaschemme im besten Sinne des Wortes: klein, düster und laut. Krupps Nachfolger Guido »Proffi« Rauprich wollte daran genauso wenig ändern wie an der ebenso spärlichen wie zweckmäßigen Einrichtung. Und weiterhin steht dem fröhlich fließenden Fassguinness und der breitgefächerten Whisk(e)yauswahl die Tatsache gegenüber, dass hier weder Kaffee noch sonstige Heißgetränke serviert werden. Und wer den Laden kennt, der wird sagen: Konsequent!

Adresse Weidengasse 87, Eigelsteinviertel | **Tel.** 0221/13 63 66 | **Öffnungszeiten** Mo–Sa ab 20 Uhr | **ÖPNV** Bahn 12, 15, Haltestelle Hansaring

21 Em Ahle Kohberg

Viehmärkte und das Ostermann-Lied

Merheim auf der Landkarte, das ist ein von A3 und A4 eingekeiltes Viereck. Wer dieses jedoch besucht, den überrascht der Flecken mit seiner dörflich-idyllischen Atmosphäre. Hier haben sich viele Spuren der Bergischen Geschichte erhalten, und dazu zählt auch der Ahle Kohberg. Erbaut wurde dieses flache Fachwerkhaus im Jahr 1665, und schon immer spielte es im Leben des Dorfes eine zentrale Rolle. Auf dem Platz vor dem Lokal wurde Viehmarkt abgehalten, und von den Kuhherden, die seinerzeit hier zusammenkamen, hat der Kohberg wohl auch seinen Namen. Die Viehtreiber wiederum tränkten und fütterten hier ihre Pferde und sich selbst.

Dass der Ahle Kohberg das Vorbild für Willi Ostermanns Hymne »Och wat wor dat fröher schön doch en Colonia« abgegeben hätte, ist jedoch eine Legende. Zwar kam der Komponist aus dem Rechtsrheinischen und mag das Merheimer Lokal gekannt haben. Aber sein Kultlied schrieb er im Jahr 1930, da hieß der Kohberg noch »Restauration Peter Wendel«. Wenn der »Franz m´em Nieß nom ahle Kohberg jing«, dann spazierten sie wahrscheinlich zu einem Weinlokal im Severinsviertel. Erst 1937, ein Jahr nach Ostermanns Tod, wurde das Lokal von den Wirtsleuten Bering auf den heute so bekannten Namen getauft – ein früher PR-Streich, der kölsches Liedgut und die alte Viehmarkt-Tradition fruchtbar verband.

Die Berings blieben hier bis 1967, ihnen schlossen sich für zehn Jahre die Eheleute Ritter an. Ende der 1970er erfolgte eine größere Restaurierung des Innenbereichs, und bis 1993 handelte man den rustikalen Kohberg gar als Gourmet-Restaurant. Diese Zeiten sind vorbei, wenn auch noch immer ein Hauch von Grandezza durch diese geduckten Räumlichkeiten weht. Andererseits verfügt das Speiselokal auch über eine ganz herkömmliche Trinkertheke, und »om Heimwäch ahn ze knutsche fange« kann man hier in Merheim auch noch immer.

Adresse Ostmerheimer Straße 455, Merheim | **Tel.** 0221/69 25 25 | www.ahlekohberg.de | **Öffnungszeiten** Mi–Sa ab 17, So ab 12 Uhr | **ÖPNV** Bahn 1, Haltestelle Merheim | **Sonstiges** Brauhausküche, großer Biergarten

22 Em Höttche

Ein Gartenlokal am Ende der Stadt

Ein paar Hundert Meter weiter gen Osten, und Schluss ist's mit Köln. Entsprechend grün sieht es hier aus: Die Mühle des Thurner Hofs, die Reitwiesen des Hardthofes, die Iddelsfelder Hardt und die Schluchter Heide sorgen für ein ausgesprochen ländliches Umfeld. Das heute zu Dellbrück gehörende Höttche liegt auf dem Gebiet des alten Dorfes Strunden, benannt nach dem hier vorbeifließenden, für das Rechtsrheinische so bedeutenden Bach. Aus Bergisch Gladbach kommend, betrieb die Strunde im 19. Jahrhundert bis zu vierzig Mühlen und galt den Einheimischen als »der fleißigste Bach Deutschlands«.

1785, als dieses kleine Fachwerkhäuschen gebaut wurde, bestand die Gemeinde aus rund dreißig Gebäuden, die etwa zweihundertfünfzig Seelen beherbergten. Und noch eine weitere Zahl: Für die gesamte »Bürgermeisterei Merheim« (1905 umgetauft in »Dellbrück«) sind im Jahr 1841 immerhin einunddreißig Schankwirtschaften bezeugt, eine davon das Höttche. Deren erste Betreiber hießen sinnigerweise Bach, und in den Händen der Bachs blieb das Lokal auch für die nächsten zwei Jahrhunderte. Zwischenzeitlich, nämlich 1959, stand hier Klara »et Klärche« Merkelbach hinter dem Tresen, die jedoch 1976 die gegenüberliegende »Bürgerstube« eröffnete. Erst 1993 sah sich die Höttche-Erbin Liesel Bach zum Verkauf gezwungen, weil dem Gebäude der Abriss drohte. Hintergrund: Im Zuge einer neuen Verkehrsregelung plante die Stadt eine Verlegung der Gierather Straße. Aber so weit kam es glücklicherweise dann doch nicht. Das Höttche wurde nicht nur gerettet, sondern expandierte sogar. Mehrere komplette Renovierungen seit jenem Jahr gingen einher mit einem flachen Anbau zur Rechten, der dem Baudenkmal jedoch genügend Luft lässt. Wirklich altertümlich sitzt man hier seither nicht mehr an der Theke, sondern unter der niedrigen Balkendecke des Schankraums.

Adresse Gierather Straße 10, Dellbrück | **Tel.** 0221/998 17 45 | www.em-hoettche.info | **Öffnungszeiten** Di–Sa ab 16 Uhr | **ÖPNV** Bahn 3, 18, Haltestelle Dellbrück/Hauptstraße oder Thielenbruch (Endstation) | **Sonstiges** Kölsche Küche, Biergarten

23 Em Kölsche Boor

Wehrhaft und trinkfest

Der Kölsche Boor, also Bauer, steht für die Wehrhaftigkeit der Stadt und ihrer Bewohner. Statuen, Reliefs und sonstige Bildnisse von ihm findet man viele in Köln, unter anderem im Rathaus, im Stadtmuseum, an der Eigelsteintorburg und natürlich als Teil des Dreigestirns. Außerordentlich standhaft ist auch das nach dem Bauern benannte Brauhaus in der Nordstadt. Seit mindestens 1797 wird hier Bier ausgeschenkt, aus jenem Jahr stammt jedenfalls die älteste Erwähnung. Sehr wahrscheinlich jedoch reicht die Tradition noch deutlich weiter zurück. Matthias Lölgen hieß damals der Brauer und das Lokal »Zum Elephanten«, was seinerzeit ziemlich exotisch geklungen haben muss.

Unter Friedrich Brückmann kam dann 1841 der Name »Zur Stadt Aachen« über die Eingangspforte, dies zu Ehren der neuen Bahnlinie der Rheinischen Eisenbahn-Gesellschaft. Als diese 1843 bis nach Belgien hinein erweitert wurde, fuhren hier die weltweit ersten grenzüberschreitenden Züge. Rund vierzig Jahre hielt sich die Bezeichnung »Stavenbräu«, die wegen der anrüchigen Stavenhof-Gasse um die Ecke ab 1912 wieder aufgegeben wurde. Seitdem betrieb Peter Baum das Brauhaus, das er auf den Namen »Em Kölsche Boor« taufte.

Baum war zugleich der Letzte, der hier auch tatsächlich Bier braute. Brauhaus und Brauerei wurden im Krieg zu Ruinen, für die sich mit dem gebürtigen Sauerländer Gustav Koch erst 1953 ein neuer Besitzer fand. In den 1960er Jahren wurde der Boor zu einem beliebten Tanzlokal vor allem für italienische Gastarbeiter, die sich hier dem Vernehmen nach mit meist etwas älteren Kölnerinnen vergnügten.

Rund um den Eigelstein existierten laut Kölner Brauer-Kataster seit 1838 immerhin achtzehn Brauereien. Noch heute findet man Gaffel direkt eingangs der Straße hinterm Dom. Und Gaffel Kölsch, das trinkt man auch hier im Kölsche Boor.

Adresse Eigelstein 121, Eigelsteinviertel | **Tel.** 0221/13 52 27 | www.koelscheboor.com | **Öffnungszeiten** Di–Do ab 16, Fr ab 15, Sa u. So ab 12 Uhr | **ÖPNV** Bahn 5, 12, 15, 16, 18, Haltestelle Ebertplatz | **Sonstiges** Brauhausküche, Außengastronomie

24 Em Scheffge

Botteram und Flümmche für die Kappesbuure

Peter Schieren war Soldat der kaiserlichen Marine, den Ersten Weltkrieg überstand er an Bord der SMS Schlesien. Als dann 1955 der Schnapsbrenner Engelskirchen auf der Severinstraße in finanzielle Schwierigkeiten geriet, übernahm er dessen Gastwirtschaft und taufte sie eingedenk seiner maritimen Vergangenheit auf den Namen Em Scheffge. An das Geld für die Übernahme war er durch den Verkauf zweier Grundstücke gekommen, die dem Bau der Severinsbrücke im Weg gestanden hatten.

Hinter dem Lokal, wo sich heute ein Parkplatz befindet, lag in den 1920er Jahren die Brennerei Urbach. In der Nacht von Peter und Paul 1943 erhielt das Haus einen Volltreffer, kein Stein blieb auf dem anderen. Ohnehin war die Schnapsbrennerei von den Nazis untersagt worden. Aber bald nach dem Krieg ging es weiter. Rechts neben dem Eingang des Scheffge stand bis 1969 noch ein Schaukasten zur Ausstellung der Hausdestillate Korn, Wacholder und Gespritzter. Daneben: ein Wasserhahn samt Eimer für die Pferde der Bauern aus dem Vorgebirge, die auf dem Weg zur Markthalle waren. Außerdem seien die »Kappesbuure« hier auch mit je einem »Botteram« sowie einem neuen »Flümmche«, einer Peitschenspitze, versorgt worden.

1969 war auch das Jahr, in dem Peter Schierens gleichnamiger Enkel den Betrieb übernahm. Der gelernte Anstreicher hatte sich lange gegen den Job in der Gastronomie gesträubt. Aber als sein Vater Josef überraschend starb, musste er ran. Dreizehn Jahre stand er hinter den Zapfhähnen, bevor er das Scheffge ab 1982 verpachtete.

Was in diesem hübschen Traditionslokal sofort ins Auge fällt, sind die zahlreichen handwerklichen Prunkstücke, allen voran der denkmalgeschützte gekachelte Tresen. Die von W. J. Gross handgemalten Motive zeigen kölsche Handwerker und Originale sowie mittig ein großes Stadtpanorama. Ganz rechts: der Künstler im Selbstporträt.

Adresse Severinstraße 104, Südstadt | **Tel.** 0221/60 60 34 10 | www.em-scheffge.de | **Öffnungszeiten** Mo–Sa ab 11, So ab 10 Uhr | **ÖPNV** Bahn 3, 4, Haltestelle Severinstraße; Bahn 15, 16, Haltestelle Chlodwigplatz | **Sonstiges** Gutbürgerliche Küche, kleine Außengastronomie

25 Em Streckstrump

Jazz seit 1973

Der Strickstrumpf ist ein Wahrzeichen der Roten Funken. Einst eine Elitetruppe, verkamen die Stadtsoldaten im 18. Jahrhundert jedoch zunehmend. Kölns Beschützer waren arme Kerle, sie wurden herumgeschubst und verspottet. Und so mancher von ihnen musste sich ein kärgliches Zubrot gar mit Strümpfestopfen verdienen, bevor die Franzosen der Sache ein Ende bereiteten. »Streckstrump« heißt deshalb einer der »Knubbel« (Abteilungen) der Roten Funken, und so tauften sie dann auch ihr Vereinslokal in der Altstadt. Von 1962 bis 1973 lief hier vor allem Fastelovendsmusik, bevor »Papa Joe« Buschmann den Laden übernahm. Der hatte nach dem Krieg eine eigene Bigband gegründet und den amerikanischen Soldaten ihren Jazz gespielt, um dann in den 1960ern den Kölschen Boor am Eigelstein zu führen. Mit dem Etablissement am Buttermarkt jedoch erfüllte er sich seinen Traum vom reinen Jazzlokal. Im Laufe der Jahrzehnte wurde der Streckstrump bekannt in der ganzen Jazzwelt. Wer hier bereits alles aufspielte, dokumentiert seit 2010 eine gigantische Doppelcollage entlang den Wänden. Jahr für Jahr gehen mehr als vierhundert Live-Konzerte über die Bühne, allein sonntags jeweils zwei. Die neben der Tür fortlaufende Zahl der Gigs nähert sich inzwischen der 20.000er-Marke, wobei der stets freie Eintritt durch einen leicht erhöhten Bierpreis ausgeglichen wird.

Seit der fälligen Renovierung schmücken auch neue Scheinwerfer den Raum, die die technisch extrem versierte Buschmann-Familie aus nagelneuen Posaunen und Saxofonen baute. Auch wurde eine Glasplatte in den Boden eingelassen, um den mittelalterlichen Gewölbekeller optisch zu erschließen. Ansonsten jedoch ist die Raumstruktur in ihrer altbewährten Art beibehalten worden, inklusive der begehrten Plätze auf der zaunbewehrten Galerie. Und von der Karnevalsvergangenheit zeugt noch nebenan das Rote-Funken-Plätzchen.

Adresse Buttermarkt 37, Altstadt | **Tel.** 0221/257 79 31 | www.papajoes.de | **Öffnungszeiten** Mo–Sa ab 20, So ab 19 Uhr (»Seven-O'Clock-Jazz«) | **ÖPNV** Bahn 1, 7, 9, Haltestelle Heumarkt

26 Die Filmdose

Wallys Geierwally

Die Filmdose ist heutzutage ein Studentencafé, das abends zur Kneipe mutiert. Eine große Fensterfront sorgt für helle Räumlichkeiten, während im Sommer vor allem die Terrasse beliebt ist. Jeweils am Wochenende hingegen wird aus dem Lokal ein kleines, ungewöhnliches Theater. Mit der Produktion »Das Heidi – auf dem Gipfel der Lust!« wurde hier 2002 eine Tradition wiederbelebt, die ihren Anfang in den 1980ern gemacht hatte: groteske, derb überdrehte Parodien auf Heimatfilme und sonstige Schmonzetten.

Die Geschichte der Filmdose beginnt mit dem gebürtigen Pfälzer Wally Bockmayer (1948–2014). Der war 1968 nach Köln gekommen, arbeitete als Garderobier an der Oper und feierte vorzugsweise im Rotlicht- und Schwulenmilieu. Zusammen mit dem Regisseur und Schauspieler Rolf Bührmann übernahm er 1975 jene Kneipe an der Zülpicher Straße, um dort für die nächsten 25 Jahre zu bleiben. Die Wände wurden mit Filmplakaten ausgeschlagen, hier verkehrten schräge Gestalten. Neun Jahre später öffnete im rückwärtigen Teil, einer ehemaligen Garage, das Theater in der Filmdose seine Pforten.

Gleich Bockmayers erste Premiere wurde ein sagenhafter Glücksgriff. Die »Geierwally« nach einem Buch von Wilhelmine von Hillern aus dem Jahr 1873 schlug ein wie eine Bombe. Der schrill-tuntige Humor der Aufführung erntete Lachsalven, tosenden Applaus und Zugabe-Rufe. Im Grunde hatte man es hier mit einem auf den Kopf gestellten Millowitsch-Schwank zu tun. Bis 1986 wurde das Stück viele hundert Mal gegeben, auch auf anderen Bühnen quer durch Deutschland. Nicht minder erfolgreich gestaltete sich 1987 seine Verfilmung. Wer hier also heute seinen Latte macchiato schlörkt, mag sich an jene inzwischen berühmten Schauspieler erinnern, die hinten auf der winzigen Bühne ihre Karriere starteten: Ralph Morgenstern, Dirk Bach, Samy Orfgen, Hella von Sinnen und die erste Geierwally Veronica Ferres.

Adresse Zülpicher Straße 39, Kwartier Latäng | **Tel.** 0221/23 96 43 | www.filmdose-koeln.de | **Öffnungszeiten** täglich ab 15 Uhr | **ÖPNV** Bahn 9, Haltestelle Dasselstraße | **Sonstiges** Speisekarte, Außengastronomie

27 Filos

… heißt »Freund«

Costa Fotiadis war zehn Jahre alt, als er mit seinen Eltern von Griechenland nach Köln kam. Und er war 24, als er sich in der neuen Heimat selbstständig machte – mit einem griechischen Kneipenrestaurant im Herzen der Südstadt. 1982 war das, und an seinen ersten Eindruck vom damals leerstehenden Etablissent namens »Südstern« erinnert er sich bis heute: Der Laden war stockdüster, heruntergekommen, tot. »Das war eine richtige Kaschemme«, erzählt er gern.

Seit der griechischen Metamorphose ist das Filos Café, Kneipe und Restaurant in einem. Während man an der eckigen Theke sein Bier schlörkt, sitzen die Kaffeetrinker und Esser rundherum an den Tischen. Hintendurch, entlang der Vondelstraße, speist man sogar leicht erhöht auf einem Podium. Besonders beliebt ist ab den ersten warmen Tagen jedes Jahres die Außengastronomie des Lokals. Weil hier schon vormittags geöffnet ist, herrscht im Filos ein reges Kommen und Gehen. Das appetitliche Frühstücksangebot weicht des Mittags einer Speisekarte mit vor allem griechischen Spezialitäten – mit Sorgfalt gekocht und apart serviert. Abends dominieren vor allem am Wochenende die Kneipenanteile. Die DJs fokussieren sich auf einen Cocktail aus Soul, Funk und Latin, den die Gäste so fröhlich wie friedlich goutieren.

Nachdem sich das Filos im Laufe der 1980er etabliert hatte, wurde es nicht zuletzt zu einem Treffpunkt für Schauspieler, Musiker und sonstige Kulturschaffende des Veedels. Die Comedia etwa liegt direkt gegenüber an der Vondelstraße, und Filos-Stammgäste wie Bluesmusiker Richard Bargel oder Kabarettist Wilfried Schmickler grüßen als Gemälde vom Luftabzug herunter. Zwar hat sich die Südstadt in den letzten Jahrzehnten stark gentrifiziert, aber eine gewachsene Institution wie das Filos lässt sich nicht so schnell vertreiben. Wäre ja auch eine Schande, schließlich heißt Filos auf Deutsch »Freund«.

Adresse Merowinger Straße 42, Südstadt | www.filoskoeln.de | **Öffnungszeiten** täglich ab 9 Uhr | **ÖPNV** Bahn 15, 16, 17, Bus 132, 133, Haltestelle Chlodwigplatz | **Sonstiges** Außengastronomie, ganztägig Speisen

28 Flittarder Hof

Vom Melk- zum Zapfmeister

Michael Zimmer war Melkmeister auf dem Flittarder Paulinenhof, der dem Grafen Franz Egon von Fürstenberg-Stammheim gehörte. Dieser war zugleich Besitzer des Stammheimer Schlosses, das inzwischen genauso verschwunden ist wie der Hof. Den nämlich erwarb später die Bayer AG als chemische Versuchsfläche. 1908 kam jener Michael Zimmer in den Besitz des drei Jahre zuvor erbauten Flittarder Hofes, eines mächtigen Hauses an der Bahnhofsstraße, die später in Evergerstraße umbenannt wurde.

Bemerkenswert ist der kleinere der beiden Kneipensäle, der noch im Originalzustand von 1905 erhalten ist. Mit dem Anbau des großen Saals 1924 entwickelte sich der Flittarder Hof endgültig zum Zentrum aller dörflichen Festivitäten. Dort tagte der Fußball- und trainierte vor allem der Turnverein. Und bis in die 1950er Jahre hinein richtete man in »Zimmers Saal« sogar überregionale Turnwettkämpfe aus. Sportlichen Glanz verstrahlt bis heute der von Pokalen, Schalen und Medaillen überquellende Vitrinenschrank.

Michael und seine Frau Christine Zimmer hatten vier Söhne, von denen zwei im Krieg fielen. Seine einzige Tochter bestritt die Nachkriegszeit im Flittarder Hof. Klara, verheiratete Himmelreich, stand rund zwanzig Jahre hinterm Tresen, bevor sie 1971 abtrat. In den folgenden beiden Jahrzehnten sah sich die Zimmer-Familie dann zur Verpachtung gezwungen, die 1990 mit einer umfassenden Renovierung der Lokalität endete. Hans-Peter, ein Enkel des Gründers, orientierte sich dabei glücklicherweise an alten Fotos des Flittarder Hofes, sodass man hier heute in ein beinahe museales Geviert eintritt. An die Theke in S-Form schließen sich drei aufgeräumte Tischreihen an, die unter hohen Altbaudecken stehen. Angenehm dunkel ist es hier, aber gerade noch hell genug, um die vielen alten Aufnahmen und Dokumente an den Wänden zu studieren.

Adresse Evergerstraße 25, Flittard | www.flittarderhof.de | Öffnungszeiten täglich ab 16.30 Uhr | ÖPNV Bahn 4 bis Haltestelle Von-Sparr-Straße, dann Bus 151, 152 bis Haltestelle Edelhofstraße | Sonstiges Kleine Speisen

29 Die Försterstube

Chrompaste und KöPi-Vasen

Besonders stolz ist Elke Thelen-Huth auf ihre mittig auf der Theke platzierte Biersäule. Wo heute modernste Technik verborgen ist, wurde früher noch mit Blockeis gekühlt. Das Alter des metallenen Überbaus schätzt die Wirtin auf »mindestens siebzig Jahre«, und dementsprechend aufwendig wird er auch gepflegt. Weil die Oberfläche schnell beschlägt, muss hier jeden Tag mit Chrompaste gewienert werden. Das gute Stück wurde gerettet, als Elke Thelen-Huth die Försterstube im Dezember 1976 übernahm. Anders erging es der zeittypischen Tapete mit Wald- und Jagdmotiven, die wohl dem Namen des Lokals geschuldet war. Sie musste weichen und ist nur noch auf alten Fotos zu bestaunen.

Elke Thelen-Huth entstammt einer Gastwirtsfamilie mit langer Tradition. Zunächst in Dellbrück aufgewachsen, half sie schon als Kind mit im familiengeführten »Hotel Weiß« an der Thieboldsgasse nahe dem Neumarkt. In der Försterstube kocht zwar heutzutage ihr Mann, aber »Elkes Roastbeef« richtet die Chefin noch immer persönlich an, damit es genauso rosa wird, wie es sein muss.

Die gesamte Nachkriegszeit über und bis ins besagte Jahr 1976 hörte der Försterstubenwirt auf den Namen Hoch. In den dreißig Jahren seines zapfenden Schaffens ging, so sagt man, zu neunzig Prozent König Pilsener über die Theke. Warum das Duisburger Gebräu hier so beliebt war, vermag heute niemand mehr zu sagen. Wer glaubt, es könnte am überragenden Geschmack des Untergärigen liegen, kann die Probe aufs Exempel an Ort und Stelle antreten: Neben Gaffel Kölsch fließt hier weiterhin auch KöPi aus der Leitung. Oben im Regal stehen noch ein paar echte Schätzchen: große, bemalte KöPi-Vasen mit Seltenheitswert. Schon mehrmals habe die Brauerei versucht, ihr diese wieder abzukaufen, erzählt Elke Thelen-Huth. Aber auch ein Angebot über mehrere Hektoliter Pils prallte an ihr ab: »Die Vasen gehören da hin!«

Adresse Försterstraße 27, Ehrenfeld | **Tel.** 0221/55 47 96 | **Öffnungszeiten** Mo–Fr ab 16.30, Sa u. So ab 17.30 Uhr | **ÖPNV** Bahn 5, 13, Haltestelle Subbelrather Straße/Gürtel | **Sonstiges** Gutbürgerliche Küche

30 Früh am Dom

Ein tagtägliches Schauspiel

Die Geschichte von Kölns berühmtestem und größtem Brauhaus beginnt in Brühl. Einer Brauerfamilie dieses Städtchens nämlich entstammte jener Peter Josef Früh, der Ende des 19. Jahrhunderts eine Brauerei samt Brauhaus an der Apostelnstraße eröffnete. Weil das dort ausgeschenkte Aposteln-Bräu offenbar gut ankam, verkaufte er die Anlagen gewinnbringend und setzte sich ab 1898 für sechs Jahre zur Ruhe.

1904 dann der nächste Streich: In den Räumen eines ehemaligen Theaters schuf Früh die Bühne für ein Brauhaus-Schauspiel, das inzwischen seit über hundert Jahren tagtäglich gegeben wird. Begünstigt wurde der Gästezulauf noch durch die 1907 geschaffene Stollwerck-Passage, die das Lokal mit der Hohe Straße verband.

Weil die im Keller gelegene Brauerei unbeschädigt geblieben war, kam Früh auch nach 1945 relativ gut aus den Startlöchern. Hier unten Am Hof produzierte man auch für andere Häuser, die nicht so glücklich weggekommen waren. Schon 1950 sah hier alles wieder aus wie zuvor, und der nahe dem Dom und dem Bahnhof gelegene Biergarten erfreute sich regen Zuspruchs. Nachdem ab 1969 das Früh auch in Flaschen verfüllt wurde, überstieg der Ausstoß 1976 erstmals die 100.000-Hektoliter-Grenze.

Den größten Schritt seit seiner Gründung machte das kölsche Traditionshaus jedoch mit dem 1998 abgeschlossenen Umbau. Unter anderem entstanden damals die schicken Hofbräustuben im ersten Stock, wo einst die Wohnräume der Frühs gelegen hatten. Und weil die gesamten Braustätten ab 1985 nach Feldkassel ausgelagert wurden, kann seitdem auch im historischen Gewölbekeller gezecht werden. Aber wie heißt es auf der Homepage des Unternehmens: »Wer wirklich kölsche Brauhausatmosphäre schnuppern will, sollte wenigstens 1–2 Kölsch im Stehen in der Schänke trinken.« Also direkt vorn im Eingangsbereich, wo die Schwadlappen stehen – recht so!

Adresse Am Hof 12–14, Innenstadt | **Tel.** 0221/26 13-211 | www.frueh.de | **Öffnungszeiten** Mo–Sa ab 11, So ab 10 Uhr | **ÖPNV** Bahn 5, 16, 18, Haltestelle Dom/Hbf | **Sonstiges** Brauhausküche, großer Biergarten

31 Früh em Veedel

Der Invalidendom vom Chlodwigplatz

Das neogotische Gebäude am Severinstor entstand mit der Niederlegung der mittelalterlichen Stadtmauer im Jahr 1879. Von Beginn an wurde hier Alkohol veredelt, und der Tradition als Brennerei verdanken sich auch jene Bitterschnäpse, die es nur bei Früh gibt: Deck un Dönn, Alter Ulan sowie ein Pfefferminzlikör namens Stippeföttche. Die Früh-Dependance in der Südstadt trägt im historischen Kneipengedächtnis Kölns noch zwei weitere Namen. »Vormals Brennerei A. Hermann« besagt der Schriftzug über dem Eingang, denn bis 1979 bediente hier das Ehepaar Hermann die Zapfanlage. Sehr weit zurück reicht auch die Bezeichnung »Invalidendom«. Sie hat nichts mit einem etwaigen Siechenhaus zu tun, wie viele meinen. Nein, sie geht auf den Dôme des Invalides zurück, den der Sonnenkönig Louis XIV. gegen Ende des 17. Jahrhunderts für seine kriegsversehrten Soldaten errichten ließ. Weil sich auch in der Kölner Brennerei viele Veteranen trafen, entstand im Volksmund die Analogie zu jenem Pariser Bauwerk.

Im Veedel um den Chlodwigplatz herum war man anfangs gar nicht so begeistert von der Übernahme der familiären Traditionsgaststätte durch die große Brauerei aus der Altstadt. Im Nachhinein muss man jedoch sagen, dass die Zweifel unberechtigt waren. Kaum eine andere kölsche Wirtschaft hat sich ihren Charme, ihre altertümliche Atmosphäre so bewahrt wie das Veedelsfrüh. Im rechts gelegenen Essbereich finden sich zahlreiche historische Abbildungen aus der alten Zeit, aber vor allem der links gelegene Thekenraum versetzt den Gast mit seinem Eintritt in ein vergangenes Jahrhundert. Die bis unter die hohe Decke reichenden Regale stellen historische Brennereiutensilien aus, und der Blick nach unten lohnt sich ebenfalls: Die hübschen, beinahe unversehrten Kacheln stammen noch aus der Gründerzeit des Hauses.

Adresse Chlodwigplatz 28, Südstadt | **Tel.** 0221/31 44 70 | www.fruehemveedel.de | **Öffnungszeiten** Mo–Do ab 16, Fr u. Sa ab 11 Uhr | **ÖPNV** Bahn 15, 16; Bus 132,133, jeweils Haltestelle Chlodwigplatz | **Sonstiges** Brauhausküche, Außengastronomie

32 Gaffel im Linkewitz

Domscheiben und eine Modelleisenbahn

Die Häuser hier liegen alle unter Straßenniveau – dieser Fahrweg heißt nicht umsonst Niehler Damm. Das Rheinufer dahinter ist unbebaut. Krähen streifen durch die hohen Bäume, der Blick wandert über den Fluss auf die weite Auenlandschaft von Stammheim. Wer heute an Niehl denkt, dem fallen die Autobauer von Ford ein und vielleicht das moderne Heizkraftwerk. Vor hundert Jahren war das noch ein bisschen anders. Industrie gab es hier nicht, Niehl war ein Fischerdorf. Und das »Haus Monjau« war so berühmt für seinen frischen Fisch, dass zeitweise ein eigener Fischer beschäftigt wurde, der morgens fing, was abends auf die Tische kam.

Schon 1811 stand hier am Rhein eine Kneipe. Weil der Niehler Damm noch nicht existierte, lag sie direkt am Fluss. Wirt Karl-Heinz Kockeritz erinnert sich daran, hier als Zehnjähriger seine Kommunion gefeiert zu haben. Und als 2015 der Mietvertrag von Nummer 171 auslief, richteten er und Frau Karoline den Blick auf ein leerstehendes Hotel vier Häuser weiter. Zahllose Formulare wurden ausgefüllt, Behörden- und Bankengänge getätigt sowie ein ordentlicher Batzen Geld investiert. Mehrere Dutzend Freunde und Stammgäste packten mit an. Brett für Brett und Bild für Bild wanderte die Kneipe ein Stückchen rheinaufwärts und entstand aufs Neue. Sogar die berühmte Modelleisenbahn fährt wieder die Wände entlang, gern beladen mit frischen Kölschstangen. Je nach Blickwinkel könnte man meinen, hier habe Hollywood oder das Phantasialand einen legendären Saloon nachgebaut. Nur dass dieser hier noch voll in Betrieb ist. Das erkennt man nicht zuletzt am gern gebuchten, großen Saal mit seinen freigelegten Dielen von 1902. Die Türfront dort bildet zugleich das ideell wertvollste Ausstattungsteil des Linkewitz. Denn die dort schreinermeisterlich verbauten Butzenscheiben hingen vorher am prominentesten Kölner Ort überhaupt: im Dom, dort, wo heute das Richterfenster prangt.

Adresse Niehler Damm 179, Niehl | **Tel.** 0221/97 75 45 30 | www.gaffel-im-linkewitz.de | **Öffnungszeiten** Mo, Mi–Fr ab 16, Sa u. So ab 10 Uhr | **ÖPNV** Bahn 16, Haltestelle Niehl/Sebastianstraße | **Sonstiges** Speisen, hübsche Außengastronomie

33_Gaffel im Marienbild

Aachener statt Montparnasse

In alter Zeit hing in jeder kölschen Gastwirtschaft, die etwas auf sich hielt, irgendwo ein Bildnis der Muttergottes. Noch heute ist der Marienkult unter »kölsch-katholischen« Gläubigen weit verbreitet, man denke nur an die Schwarze Madonna aus der Kupfergasse. Und so findet sich auch im »Marienbildchen« eine in die Fassade integrierte Statue mit dem – hier sehr zarten – Jesuskind auf dem Arm.

Die Geschichte dieses Gebäudes reicht zurück bis ins frühe 18. Jahrhundert. 1721 erstmals erwähnt, diente es zunächst als Haltestelle für die Postkutschen zwischen Aachen und Köln. Nach einem Umbau fungierte das Haus ab 1880 für zwei Jahre als Dorfschule für die Kinder von Braunsfeld. Danach nahm es dann seine heute bekannte Form an: mit vielfach unterteilten Sprossenfenstern, dem kleinen repräsentativen Balkon unterm spitzen Giebel und dem links angeschlossenen Tor zum Hof. Heute gelangt man dort hindurch in den Biergarten.

Der berühmteste Wirt des Marienbilds war sicherlich Gustl Richter. Der Mann war nicht nur Vorsitzender des Hotel- und Gaststättenverbandes Nordrhein, sondern nebenbei auch Träger des »Diplôme d'Honneur« der Corporation des Vignerons de Champagne (1979). Und außerdem leitete er von den 1950er Jahren an diese Braunsfelder Traditionsgaststätte.

Bis 2007 trug das Braunsfelder Marienbild das Gewand einer französischen Brasserie, angelehnt an das berühmte Künstler-Lokal »La Coupole« am Pariser Boulevard du Montparnasse. Wer das Gaffel im Marienbild jedoch heutzutage betritt, steht in einem klassischen kölschen Brauhaus. Das Bier landet auf blank geschrubbten Ahorntischen, und selbst die Raumteiler sind bleiverglast. Back to the roots heißt es hier, und deshalb ziehen sich auch durch sämtliche Säle jene historischen Aufnahmen und Texte zur Geschichte der kölnischen Brauhauskultur.

Adresse Aachener Straße 561, Braunsfeld | **Tel.** 0221/50 05 51 60 | www.marienbild.de | **Öffnungszeiten** Di–Fr ab 17, Sa u. So ab 11 Uhr | **ÖPNV** Bahn 1, Haltestelle Clarenbachstift | **Sonstiges** Brauhausküche, Biergarten

34_Gasthaus Kranz

Hopfenträume in Porz

Das Gasthaus Kranz ist eine der letzten Skat-Hochburgen auf Kölner Stadtgebiet. Das deutsche Traditionskartenspiel wird vor allem vom Bundesligaverein Euroskat Köln hochgehalten, der hier trainiert. Und die stets gut besuchten Turniere im Gasthaus tun ein Übriges. Seit diese Wirtschaft Mitte der 1960er Jahre aufgemacht wurde, steht sie auch für einen guten Gulasch. Eines Tages, so erzählt man sich, sei ein Jagdfreund von Gründer Willi Kranz mit einem erlegten Reh durch den Schankraum in die Küche marschiert, dort wieder raus und ums Haus herum. Sieben Mal habe er die Tour absolviert und den erstaunten Gästen erklärt, das Wild sei für den hauseigenen Gulasch. Danach, so sagt man, stieg der Absatz rasant.

Willi Kranz, ein Bauunternehmer, und seine Frau Käthe führten das Gasthaus bis Ende der 1970er. Hier trafen sich Porzer Unternehmer, und hier verkehren bis heute diverse Porzer Sportvereine sowie die örtlichen Jagdhornbläser. Gabi Petri, die heutige Pächterin, steht seit 1998 hinter dem Tresen. Die gebürtige Hillesheimerin war mit neunzehn aus der Eifel nach Köln gekommen und betreibt das Gasthaus Kranz seitdem mit viel Engagement und zur Freude ihrer angestammten Gäste aus dem Veedel.

Die Porzer Bergerstraße bildet eine viel befahrene Verbindung zwischen der am Rhein entlangführenden Haupt- und der Frankfurter Straße. Idyllisch mutet der Stadtteil hier, direkt hinter der Bahnbrücke, nun wirklich nicht an. Dennoch ist das Gasthaus Kranz einen Ausflug wert. Hier herrscht die gediegene Konstanz einer intakten Veedelskneipe – trinkst du eins, trinkst du zwei, bist du dabei.

Eine Besonderheit ist die florale Dekoration der Gaststätte. Über alle Wände ziehen sich Strünke von dichtem Hopfen. Alljährlich im Spätsommer sammelt die Wirtin in der Eifel bei Bitburg dieses Kraut, das dann tatsächlich 365 Tage lang grün bleibt.

Adresse Bergerstraße 117, Porz | Tel. 02203/340 64 | www.gasthauskranz.info | Öffnungszeiten Mo–Fr ab 17 Uhr | ÖPNV Bahn 7, Haltestelle Porz/Steinstraße | Sonstiges Gutbürgerliche Küche, Biergarten

35 Gaststätte B. Burger

Eine Kneipe für 36.500 Goldmark

Schon in der Mitte des 19. Jahrhunderts betrieb hier die Bauersfamilie Küchenhofen nebenher einen Schankraum. Als man das Gehöft 1896 aufgab, ging es für 36.500 Goldmark an die Familie Meurer. Ein stolzer Preis im Übrigen, denn laut Statistischem Bundesamt lag die Kaufkraft einer kaiserlichen Mark seinerzeit bei rund zehn Euro.

Anton Meurer war ein gelernter Schlosser. Wie seine Frau Marie, so heiratete auch seine Tochter Lisa einen Mann fern der Gastronomie. Auf Bernhard Burger, ursprünglich Metzger, geht auch der bis heute gültige Name »B. Burger« zurück.

Als 1950 hinten im Garten eine Kegelbahn angebaut wurde, war Bernhard bereits zehn Jahre tot. Lisa hingegen segnete erst 1966 im Alter von siebzig Jahren das Zeitliche. Mit ihrer recht burschikosen Art hatte sie sich einen über Rath hinausreichenden, vor allem bei den braveren Bürgersleuten nicht unumstrittenen Ruf erarbeitet.

Das verwunschene Häuschen an der Eiler Straße blieb auch später in Burger-Hand. In den Jahrzehnten nach Mutter Lisa wirkten hier deren Kinder Marlies und Willy sowie dessen Frau Hilde. Aus dieser Ehe gingen wiederum zwei Kinder hervor, deren eines sogar Koch lernte. Aber weil Hildes Kräfte nachließen und die Kinder einen anderen Lebensplan verfolgten, endete die Familientradition nach rund hundert Jahren.

Seit 1996 nun gehört das Burger dem Rather Garten- und Landschaftsbauer Matthias Keren und seiner Frau Trude. Die leicht abgewirtschaftete Wirtschaft wurde mithilfe einiger 100.000 Euro generalsaniert. Wo zuvor eine alte Waschküche gestanden hatte, sitzt man nun sommers im Biergarten. Neben den Heiz- und Sanitäranlagen wurden auch die maroden hölzernen Bauteile ersetzt – ohne jedoch den Charme der Schänke zu zerstören. Wer hier ein Bier trinkt, tut dies in über einhundertsechzigjähriger Tradition. Und das schmeckt man noch immer.

Adresse Eiler Straße 145, Rath-Heumar | **Tel.** 0221/880 83 124 | www.bburgerrath.de | **Öffnungszeiten** Di–Sa ab 16.30, So ab 12 Uhr | **ÖPNV** Bahn 9, Haltestelle Rath/Heumar | **Sonstiges** Gutbürgerliche Küche, Biergarten

36 Gaststätte Goebels

Kneipe, Kolonialwaren und Spezereien

Die kaum fünfzig Meter lange Kirchgasse im verschlafenen Dörfchen Esch führt zu einem bemerkenswerten Friedhofsportal mit eingearbeiteter Kreuzigungsgruppe. Auf halbem Weg liegt der Eingang zur Gaststätte Goebels. Dieses ehrwürdige dunkelbraune Backsteinhaus stammt aus der Mitte des 18. Jahrhunderts, und in die Hände der Familie Goebels kam es im Jahr 1905.

Unter Franz und Hubertine Goebels, die aus Neuss zugewandert waren, hieß die Gaststätte noch »Zur Erholung«. Mit zum Anwesen gehörten Schweine und ein Pferdestall, außerdem betrieben die Eigner zusätzlich einen kleinen Laden. »Lebensmittel- und Spezerei-Handlung« stand auf den Schildern, hinter denen sich, so die Erinnerung von Hubertines gleichnamiger Enkelin, auch in der Nachkriegszeit noch die Fledermäuse versteckten.

Mit Mathias und Anna übernahmen um 1940 zwei Goebels-Kinder die Regie, der Name lautete nun »Gaststätte Geschwister Goebels«. 1932 kam zum ohnehin multifunktionalen Betrieb auch noch die Escher Poststelle hinzu, die ab 1942 auch mithilfe von Mathias' Frau Sophia unterhalten wurde. Wer heute hier sein Bier trinkt, sitzt in einem schön-schlichten Thekenraum, der nahtlos in den 1995 fertiggestellten Restaurantbereich übergeht. Rechts hinten finden sich noch ein paar Erinnerungsstücke, etwa die Kaufmannswaage des einstigen Ladens. Mathias Goebels hinterließ zwei Kinder – Franz und die bereits erwähnte Hubertine, verheiratete Litzenroth, deren Kinder Manuela und Guido heute die Geschäfte führen. Ihr Bruder Franz war zunächst im berühmten Käsehaus Wingenfeld auf der Ehrenstraße in die Lehre gegangen, bevor er 1986 mit in die Gaststätte einstieg. Als er 2006 starb, war aus dem Sälchen im ersten Stock längst ein kleines Hotel mit sieben Zimmern geworden. Und ein Jahr zuvor hatte der resolute Gastronom sich noch seinen größten Wunsch erfüllt: Eimol Prinz von Esch zo sin.

Adresse Kirchgasse 1, Esch | Tel. 0221/590 17 36 | www.hotel-goebels.de | Öffnungszeiten Fr–Mi ab 17, So ab 16 Uhr | ÖPNV Bahn 3 bis Haltestelle Bocklemünd, dann Bus 126 bis Esch/Friedhof | Sonstiges Gutbürgerliche Küche, Biergarten

37_Gertrudenhof

Kölsch im Schatten von St. Aposteln

Gastronomische Freiflächen waren früher rarer gesät als heute. Seine große Terrasse besitzt der Gertrudenhof seit 1978. Stadtplanerische Maßnahmen schufen zur Mittelstraße hin eine Insel, wo zuvor lediglich ein kaum meterbreiter Bürgersteig bestanden hatte. Viel Verkehr sei hier immer vorbeigerauscht, erinnern sich die langjährigen Gäste. Und reger Verkehr herrschte bis in die frühen 1990er Jahre hinein auch vormittags schon an der Theke. Um neun Uhr morgens, so wird erzählt, sei der Laden meist rappelvoll gewesen. Dann stimmten sich hier nämlich die anrainernden Geschäftsleute mit einem Kölsch und Mettbrötchen auf den Tag ein.

Als eines der wenigen Häuser am Neumarkt hatte dieses Gebäude im Schatten von St. Aposteln dem Bombenhagel des Zweiten Weltkriegs standgehalten. Unterm Dach wohnte zu Anfang des 20. Jahrhunderts der Großvater der heutigen Köbes-Legende Eddy Erdkamp. Fotos aus jener Zeit belegen, dass die Fassade schon damals den gleichen glatten Putz aufwies, nur der Kneipeneingang war etwas weiter rechts. Auch einige Exemplare der schönen Siphon-Sammlung über dem Tresen dürften noch aus dieser Zeit stammen.

Nach 1945 schwang hier Martha Lemmer das Zepter, deren Familie aus dem Viertel rund um den Neumarkt stammte. Als sie in den 1970ern altersbedingt ausschied, erhielt sie vom neuen Besitzer des Hauses, der Kreissparkasse, Wohnrecht auf Lebenszeit. Auch der Gastwirt H. Frink, der die Wirtschaft dann übernahm, hatte die Immobilie erwerben wollen, aber das Geldinstitut hatte ihn schlicht überboten. Seit 2010 führt nun der erfahrene Gastronom Franz-Josef Jansen den Gertrudenhof. Rund um die fast quadratische Theke mit ihren zwei netten Nischen wird sich dadurch jedoch nichts ändern. Hier wird Sion ausgeschenkt, und brauhausartig, wie das Lokal nun mal ist, kommt das Kölsch stets direkt aus dem Fass.

Adresse Apostelnstraße 2 a, Innenstadt | **Tel.** 0221/54 81 41 43 | www.gertrudenhof-koeln.de | **Öffnungszeiten** täglich ab 12 Uhr | **ÖPNV** Bahn 1, 3, 4, 7, 9, 16, 18, Haltestelle Neumarkt | **Sonstiges** Brauhausküche, Außengastronomie

38_Gilbert's Pinte

Unterhaltung nicht nur am Wochenende

In England und Irland trinkt man bis heute ein Pint – benannt nach der Maßeinheit von 0,568 Litern. Das Kneipen-Synonym »Pinte« ist hingegen beinahe ausgestorben. 1971 jedoch, als Gilbert's Pinte eingeweiht wurde, war die Bezeichnung noch schwer en vogue. Im Jahrzehnt davor hatte dieses Lokal noch »Meeting« geheißen. Direkt darunter befand sich der »Z-Moll Keller«, ein seinerzeit angesagter Jazzclub. Der bis heute aktuelle Name geht auf Gründer Gilbert Helm zurück. So manches war anders damals: Die Musik kam vom Plattenspieler, und das beliebteste Kneipenspiel war Schach. Sehr modern kam Gilberts Zapfanlage daher: Anstatt sich schwere Fässer in den Keller liefern zu lassen, wurden hier per Schlauch großformatige Brauereitanks befüllt.

Ziemlich berühmt waren jene ebenso langhaarigen wie bärtigen Gäste, die in den frühen 1970ern stets zu viert aufkreuzten. Handelte es sich doch um die Blödelbarden von Insterburg & Co, zu denen auch Karl Dall gehörte. Die Insterburgs hatten damals eine eigene Sendung beim WDR: »Unterhaltung am Wochenende«. Und danach ging es ab in Gilbert's Pinte. Einer, der seinerzeit mit am Tresen stand, war der Liedermacher Ulrik Remy. »Gott, die konnten schlucken!«, erzählte er später über das Komiker-Quartett. Aber auch er selbst schrieb sich ins Stammbuch der Pinte ein – indem er über sie einen Song schrieb. »Die Kneipe«, heißt er treffend, und man merkt dem Text an, dass der Autor weiß, wovon er spricht: »Es ist stets dieselbe Kneipe,/es ist stets das gleiche Bier./Du triffst stets die gleichen Leute,/ denn du wohnst schon beinah hier./Und der Wirt macht dir 'nen Deckel,/ wenn du knapp bei Kasse bist;/oder wenn du so viel intus hast,/dass du ihn ganz vergisst.«

Die »älteste Studentenkneipe im Kwartier Latäng«, wie sie sich stolz nennt, hat inzwischen mehr als ein halbes Jahrhundert auf dem Buckel. Und heißt immer noch »Pinte«.

Adresse Engelbertstraße 1, Kwartier Latäng | **Tel.** 0221/23 15 28 | **Öffnungszeiten** So–Fr ab 18, Sa ab 14 Uhr | **ÖPNV** Bahn 9, 12, 15, Haltestelle Zülpicher Platz

39 Gilden im Zims

»Heimat kölscher Helden«

Köln ist bekannt für seine romanischen Kirchen und den gotischen Dom. Spätere Epochen haben hingegen kaum Spuren hinterlassen. Einer der wenigen Profanbauten der Renaissance steht am Heumarkt. Das einstige Haus »Zum Sankt Peter« wurde wahrscheinlich 1568 errichtet, und zwar im Auftrag des Ratsherrn Wilhelm Peter ter Laen von Lennep. Der heutige Namensgeber Hans Zims (1908–1980) war vor seiner Karriere als Wirt ein berühmter Kölner Radsportler, dem seine Erfolge bei Sechstagerennen den Titel »König der Nächte« einbrachten.

Nach seinem Tod dümpelte das Haus Zims über viele Jahre ziemlich stillos dahin, als durchschnittliches Touristenrestaurant. 2009 jedoch ergriff die Karnevalsprominenz das Zepter, um hier eine »Heimat kölscher Helden« zu installieren. Im Schulterschluss mit der Gilden-Brauerei sollte hier zudem eine Art Fastelovends-Brauhaus für das ganze Jahr entstehen. Und irgendwie büttenrednerisch muten auch einige der Texttafeln zu Exponaten wie der Büste Agrippinas oder den Bildnissen von Marsilius und Bürgermeister Gryn (»Volksvertreter mit tierischem Mut«) an.

Während im Parterre eher veredelte Brauhausatmosphäre herrscht, wird es in den Untergeschossen spannend. Hier wurden die bei der Renovierung entrümpelten, bis zu sechs Meter hohen Kellergewölbe gastronomisch erschlossen. Über mehrere eingezogene Ebenen gelangt man immer tiefer in den Bauch des Heumarkts, bis hin zur finalen Bar mit der gigantisch-glitzernden Narrenkappe im Rücken. Freigelegtes Mauerwerk aus vergangenen Jahrhunderten korrespondiert mit zeitgenössischem Glattbeton und hochmoderner Technik. In der Wand eingelassene Bildschirme und Lautsprecher, im Boden Sichtfenster zu Kellerräumen mit hindrapierten Mittelalter-Scherben: Das Gilden im Zims schlägt ein neues Brauhaus-Kapitel auf. Auch historische Institutionen müssen ein wenig mit der Zeit gehen.

Adresse Heumarkt 77, Altstadt | **Tel.** 0221/168 61 10 | www.haus-zims.de | **Öffnungszeiten** Mo–Fr ab 12, Sa u. So ab 11 Uhr | **ÖPNV** Bahn 1, 7, 9, Haltestelle Heumarkt | **Sonstiges** Brauhausküche, Außengastronomie

40 Golde Kappes

Kneipe, Kohl und Hexagramm

Warum der Golde Kappes seine Kunden mit einem goldenen Kohlkopf plus sechszackigem Stern über dem Eingang begrüßt? – Ganz einfach: Der Kohl rührt daher, dass die angrenzende Florastraße im Jahr 1913, als der Kneipenname aufkam, noch »Kappesgasse« hieß. Diese wiederum war nach dem vorherrschenden Produkt der umliegenden Bauern benannt. Und das sogenannte Hexagramm hat nichts mit dem Davidstern zu tun, sondern diente traditionsgemäß als das Symbol der Brauerzunft. Es repräsentiert die vier Elemente, die für die Bierproduktion von Bedeutung sind. Gerste und Hopfen gedeihen in der Erde, gebraut wird mithilfe von Wasser und Feuer, während die Luft wichtig für die Gärung des Suds ist.

An der Ecke Neusser und Einheitsstraße hat mit großer Wahrscheinlichkeit schon vor Jahrhunderten ein Brauhaus gestanden. Die moderne, bis in unsere Gegenwart reichende Ära beginnt jedoch mit dem Nippeser Wirt Matthias Becker in besagtem Jahr 1913. Vielen gilt diese Eckkneipe seither als das Herz von Nippes, aber im Februar 2009 hätte es beinahe aufgehört zu schlagen. Die Wirtsfamilie d'Agnolo, Nachfahren Beckers, hatte Konkurs angemeldet. Monatelang stand der Kappes leer, bis die Brauerei Früh in die Bresche sprang. Um Platz für eine richtige Küche zu schaffen, wurden tragende Wände entfernt. Und weil das zuvor von Mühlen belieferte Haus nicht nur sanierungsbedürftig, sondern zudem einsturzgefährdet war, mussten hier über vierzig Tonnen Stahl eingezogen werden.

Seit der Wiedereröffnung im November 2009 verfügt der Kappes nun über zwei neue Sälchen im ersten Stock. Erhalten blieb hingegen der beliebte Thekenbereich mit dem kunstvoll geschnitzten Beichtstuhl. Matthias Becker hatte seinerzeit zur Eröffnung eine Anzeige geschaltet, in der er »um gütigen Zuspruch« für seine Restauration bat. Den hat der Kappes bekommen.

Adresse Neusser Straße 295, Nippes | **Tel.** 0221/922 92 66 40 | www.emgoldekappes.de |
Öffnungszeiten täglich ab 11 Uhr | **ÖPNV** Bahn 12, 15, Haltestelle Florastraße |
Sonstiges Brauhausküche, Außengastronomie

41 Goldener Pflug

Ein P und drei Sterne

Die Nähe zur Merheimer Heide und zum Königsforst prädestinierte den Goldenen Pflug dazu, ein Ausflugslokal zu werden. Vom Stadtsmog gebeutelte Kölner zogen über den Rhein und genossen nach einem Waldspaziergang frisches Bier an der frischen Luft. Die Menschen von der Schäl Sick wiederum buchten den großzügigen Saal für ihre Familienfeiern. Seit 1937 war das möglich, dem Gründungsjahr des Goldenen Pflugs. Eine frühe Eigenwerbung preist den »vorzüglichen Mittagstisch«, die »elektrische Kühlung« und die »mäßigen Preise«.

Ein einschneidender Wandel vollzog sich ab 1962. Der Pflug mutierte zu einem Nobelrestaurant nach französischem Vorbild. In der 1970 einsetzenden Ära des Starkochs Herbert Schönberner arbeitete sich das Etablissement gar auf drei Michelin-Sterne hoch. Plötzlich gab sich in Merheim die Prominenz die Klinke in die Hand, und im herrschaftlichen Speisesaal wurden 200-Mark-Menüs vertilgt. Mit dem Abgang des Kochs im Jahr 1998 sank auch der Pflug tief ins Erdreich, und zwei Jahre später war er verrostet. Ihre rettende Hand streckte sodann die Gaffel-Brauerei aus, unter deren Regie der Pflug zurück zu seinen Anfängen fand. Heutzutage dominieren klassische Ahorntische den Speisesaal wie den links des Eingangs gelegenen Schankraum. Holzgetäfelte Wände und blau-weiße Köbesse sorgen für authentische Brauhausatmosphäre, verbunden mit einer entsprechenden Speisekarte.

Der Namenszusatz »Pflug« erinnert – so eine von mehreren Legenden – nur notgedrungen an die rechtsrheinische Agrarwirtschaft. Just gegenüber dem Lokal erstreckte sich zur Gründungszeit ein Militärflughafen. Diesem zu Ehren sollte die Gaststätte ursprünglich »Goldener Flug« heißen. Dies jedoch missfiel den Herren des Fliegerhorstes, die sich davon offenbar verunglimpft fühlten. Ihr Bier tranken sie dann jedoch trotzdem dort – ein vorgesetztes P hatte die Wogen geglättet.

Adresse Olpener Straße 421, Merheim | **Tel.** 0221/310 56 31 | www.brauhaus-goldener-pflug.de | **Öffnungszeiten** Mo–Sa ab 16, So ab 12 Uhr | **ÖPNV** Bahn 1, Haltestelle Merheim | **Sonstiges** Brauhausküche, urbaner Biergarten

42 Die Groov-Terrasse

Rheinfrust und Rheinlust

Von den vielen Ausflugslokalen an der Zündorfer Groov ist die Terrasse das älteste. Vorher hatte es hier lediglich die »Ritterburg« gegeben, eine waschechte Rheinschiffer-Kneipe. Weil sie noch näher am Rhein lag, stand sie regelmäßig unter Wasser und wurde schließlich 1926 abgerissen. Bereits 1859 hatte die Groov-Terrasse geöffnet, damals noch unter dem Namen »Zur Rheinlust«. Gründer war der gelernte Brauer Gottfried Geilenberg, der hier einen Ausschank samt Brauerei betrieb. Letztere, die Union Brauerei, zog später an den Rosenhügel, während die Rheinlust in den Besitz eines Balthasar Platz überging. Dieser beantragte im Jahr 1909 eine Genehmigung für Motorboot-Landebrücken. Was damit entstand, war ein Biergarten mit Schiffsanleger – möglicherweise der Startschuss für die touristische Karriere der Zündorfer Groov.

Um 1920 herum hieß der Wirt Paul Klein. Dessen Sohn Peter erzählte später, er habe im Bett liegend stets den Gesängen des im Saal probenden Kirchenchors gelauscht. Dies habe bei ihm den Wunsch ausgelöst, selbst Sänger zu werden. Und der ging auch tatsächlich in Erfüllung: Aus dem Porzer Peter Klein (1907–1992) wurde ein Musikprofessor und Tenor an der Staatsoper in Wien. Dort auf dem Zentralfriedhof liegt er auch begraben.

Vater Paul wechselte später als Wirt in den »Deutschen Rhein«, die heutige »Hubertusklause« an der Zündorfer Hauptstraße. Das dortige, um 1880 errichtete Gebäude wurde angeblich mit abgezweigten Steinen der benachbarten Kirche gemauert. Die »Rheinlust« wiederum durchlief noch mehrere Namensänderungen, bevor sie zu ihrem heutigen, etwas verwirrenden Titel kam. Denn natürlich findet sich hier die sehr idyllische, direkt am Wasser liegende »Terrasse«, auf die der Name anspielt. Aber andererseits ist dieses Lokal im Innern noch immer das, was es schon vor gut hundertfünfzig Jahren war: eine echte Dorfschänke.

Adresse Am Markt 4, Zündorf | **Tel.** 02203/855 44 | www.groov-terrasse.de | **Öffnungszeiten** Do–Mo ab 12 Uhr | **ÖPNV** Bahn 7, Haltestelle Zündorf | **Sonstiges** Gutbürgerliche Küche, großer Biergarten

43_Haus Scholzen

Gastlichkeit und »Kölscher Grappa«

»Also, das Wort ›Kneipe‹ passt hier nicht«, sagt Marie-Luise Scholzen. Denn Haus Scholzen ist eine sehr gepflegte, sehr kölsch-traditionelle Gastwirtschaft mit langer Geschichte. Scholzens arbeiten hier inzwischen in vierter Generation, eine Gastronomen-Historie, wie man sie nicht mehr so häufig findet.

Angefangen hat alles mit Carl und Angelika Scholzen, die im Jahr 1907 den »Ehrenfelder Hof« aufkauften. Der diente vor allem als Ausflugslokal für solche Kölner, die mal raus aus der engen, stickigen Innenstadt wollten. Ehrenfeld, erst 1888 eingemeindet, war damals noch ein Dorf, und vor dem »Ehrenfelder Hof« standen einst – wie im Wilden Westen – Stangen zur Befestigung der Pferde.

Carl, der gelernte Kellner, führte das nun in Haus Scholzen umbenannte Lokal bis 1943. Als er es nach einem alliierten Bombenangriff in Flammen aufgehen sah, setzte sein Herz aus. Übrig geblieben war von diesem mächtigen Bau lediglich eine Säule, die sich heute rechts neben der Tür zum Flaschenverkauf im Mauerwerk verbirgt. Dieser kleine Thekenbereich war es auch, mit dem man hier nach 1945 wieder anfing. Stockwerk für Stockwerk fand das Haus zu seiner alten Pracht zurück. Marie-Luise und ihr Mann Karl übernahmen 1975 die Geschäfte und setzen in Ehrenfeld weiter auf Konstanz. Die 1952 eingeführten schwarz-roten Bodenkacheln werden bei Bedarf bis heute nach exakt gleicher Fertigung nachbestellt.

Der Familienbetrieb an der Venloer hat diverse Spezialitäten im Angebot. Beliebt ist etwa der »Ehrenfelder Senfrostbraten«, der sich hervorragend mit den hauseigenen Schnäpsen abrunden lässt. Dazu zählt neben dem Kräuterhalbbitter »Scholzens Jagd« seit geraumer Zeit auch ein »Kölscher Grappa« auf Rieslingbasis. Sommers trinkt man den vielleicht gern im grünen Innenhof, aber der schönste Platz ist hier immer noch an der Theke.

Adresse Venloer Straße 236, Ehrenfeld | **Tel.** 0221/51 59 19 | www.haus-scholzen.de | **Öffnungszeiten** Mi–So ab 11.30 Uhr | **ÖPNV** Bahn 3, 4, Haltestelle Piusstraße | **Sonstiges** Gutbürgerliche und kölsche Küche, Biergarten

44 Haus Schwan

En d'r Nohbarschaff

Diese Theke könnte auch in einem Western-Saloon stehen. Das dunkel gebeizte Weichholz hat eine hübsche Patina entwickelt, und die Oberfläche ist glatt genug, um in John-Wayne-Manier kleine Schnapsgläser darüber gleiten zu lassen. Dem archaischen Pistolero-Genre entsprechend geht man im Schwan auch über echte Dielen. Aber das war's dann auch schon mit den Cowboy-Vergleichen. Im Haus Schwan wird nicht geballert, und wenn, dann Bier statt mit Blei. Und an den Wänden hängen keine kalifornischen Steckbriefe, sondern kölsche Karnevalsorden.

In der Nachkriegszeit führte die Familie Schwan ihr gleichnamiges Haus noch selbst. Bis in die 1990er hinein jedoch dümpelte der Schwan, wie die Lindenthaler sagen, als griechisches Restaurant dahin. 1993 machte man sich dann an den großen Umbau. Der alte Filzteppich flog genauso raus wie der Flipper am Eingang. Aus dem hinteren Festsaal wurde eine moderne Küche, der Schwan mutierte zum kölschen Brauhaus. Heute sorgen große Fenster für Helligkeit und die Anbindung des Schankbetriebs an das »Leben da draußen«. Auch für größere Gesellschaften ist der Schwan bestens gerüstet. Im Keller steht eine Kegelbahn bereit, im langgestreckten Saal und der angrenzenden Nische kann an klassischen Brauhaustischen aus hellem Ahornholz getafelt werden. Die Karte feiert die rheinisch-kölsche Küche, von Himmel un Ääd bis zum Döppekooche. Beim »Scharfen Lindenthaler« wiederum handelt es sich um eine Currywurst mit Röstzwiebeln und hauseigener Sauce.

Wo am Ende der Theke die Bank folgt, trifft sich die Nachbarschaft. Nach Brauhausart stehen hier sämtliche Altersklassen beisammen, vom Grünschnabel bis zur Rentnerin. Wer seine Ruhe haben möchte, findet jenseits der Theke an einem der Hochtische Platz. Dem Solotrinker kommt entgegen, dass im Haus Schwan einer leider fast ausgestorbenen Tradition gefrönt wird: Es liegen mehrere Tageszeitungen aus.

Adresse Dürener Straße 235, Lindenthal | **Tel.** 0221/40 33 68 | **Öffnungszeiten** Mo–Fr ab 17, Sa u. So ab 11.30 Uhr | **ÖPNV** Bahn 7, 13, Haltestelle Dürener Straße/Gürtel, Bus 136 bis Haltestelle Theresienstraße | **Sonstiges** Kegelbahn, Biergarten, gutbürgerliche Küche

45 Haus Töller

Der Geist des reinlichen Döres

Es war im Jahr 1859, als Peter Töller in der Weyerstraße eine Branntweinbrennerei eröffnete. Zusätzlich wurde hier auch noch Brot verkauft, eine charmante Mischung. Fünf Jahre später gelangte Töller in den Besitz des Nebenhauses und stellte sich damit in eine lange Traditionslinie.

Denn das »Steynen Huys« – so genannt, weil es nicht aus einfachem Fachwerk bestand – wird bereits 1349 in einer Urkunde erwähnt und gilt als eines der ältesten überhaupt in der Stadt. Zahlreiche Besitzer gaben sich hier über die Jahrhunderte die Klinke in die Hand, amtliche Unterlagen verzeichnen sowohl Patrizier als auch Bürger und Bauern. Schon seit 1412 sind in den städtischen Steuerlisten diverse Brauhäuser in der Gegend hinter dem ehemaligen Weyertor registriert. Unter französischer Herrschaft bekam das Haus auch eine Nummer: 6377.

Peter Töller meldete seine Brauerei 1871 an und erweiterte zugleich das Gebäude. Ihm folgte 1889 sein Sohn Theodor, auch der »reinliche Döres« genannt. Sein Sauberkeitsfimmel war legendär, immer soll er mit einem »Plaggen«, einem Wischtuch, über der Schulter aufgetreten sein. Weil ihm der Tabak stank, war das Haus Töller zudem die wohl erste Nichtraucherkneipe Kölns. Mondäner ging es im Töller dann ab 1912 zu. Unter der Regie von Peter Esser wandelte sich das Gasthaus zu einem Prominentenlokal. Im Gästebuch verewigten sich seitdem Schauspieler wie Willy Birgel und Paul Hörbiger, Künstler wie Willi Ostermann und Anton Räderscheidt oder auch Sportler wie Tschik Cajkovski und Rudi Altig. Die Esser-Ära währte bis in die 1980er Jahre.

Seine archaische Atmosphäre verdankt dieses Brauhaus seiner Einrichtung, die seit 1871 fast unverändert ist. Wer einmal an einem der flach gescheuerten Tische Platz nahm, der weiß: Hier wird restauriert, nicht neu gekauft. – Eine Tradition, die sich möglicherweise dem Geist des reinlichen Döres verdankt.

Adresse Weyerstraße 96, Griechenmarktviertel | **Tel.** 0221/258 93 16 | www.haus-toeller.de | **Öffnungszeiten** Mo–Sa ab 17 Uhr | **ÖPNV** Bahn 12, 15, 16, 18, Haltestelle Barbarossaplatz | **Sonstiges** Brauhausküche

46 Haus Tutt

Theodor und Elisabeth, Jimi und der Che

Neuehrenfeld ist bis heute mit guten Kneipen und Restaurants gesegnet. Und vor allem die Landmannstraße wartet mit direkt mehreren historischen Gaststätten auf. Neben dem Pöttgen und dem Moselstübchen gehört das Haus Tutt zu den ersten Adressen der schmalen Straße. Eröffnet wurde es im Jahr 1926 von den Eheleuten Tutt auf der Ecke zur Fridolinstraße. Theodor und Elisabeth blieben bis 1952 am Ruder. Ein Foto auf der Website zeigt das Wirtspaar in den 1930er Jahren hinter einer heute verschwundenen Theke, die vermutlich aus massiver Eiche bestand. Ebenfalls nicht mehr im Angebot: Dortmunder Kronen-Bier, für das gemäß einer weiteren alten Aufnahme großformatig vor der Tür geworben wurde. Heute setzt man stattdessen auf Früh Kölsch.

Bis heute erhalten hat sich hingegen die Art-déco-Glasdecke im Speiseraum. Ehrenfelder Geschichte spiegeln auch die historischen Aufnahmen im rückwärtigen Saal. Da staunt man über eine menschenleere Subbelrather Straße ebenso wie über die Genossenschaftshäuser rund um den Takuplatz, die auf dieser Schwarz-Weiß-Aufnahme noch wie neu wirken.

Im vorderen Thekenbereich sind es eher internationale popkulturelle Bilder, die das Tutt an die Historie anbinden. Die Beatles geben hier den Stones die Hand, während Jimi Hendrix Che Guevara zuzuwinken scheint. Wie deren Geschichte, so verlief auch die des Hauses Tutt nicht bruchlos. Mehrfach musste das Lokal schließen, um doch immer wieder aufs Neue seine Pforten zu öffnen. Bis Anfang der 2000er Jahre bestand hier sogar die über die Stadtgrenzen hinaus bekannte Institution »Olli's Kleinkunstbühne«.

Der Charakter ging unter den wechselnden Wirten nie verloren: Das Tutt gleicht in vielerlei Hinsicht einem Brauhaus. Während die ambitionierte Speisekarte ein wenig über den schlichten kölschen Stil hinausreicht, entsprechen die seidenglatten Ahorntische ganz der rheinischen Tradition.

Adresse Fridolinstraße 72, Neuehrenfeld | **Tel.** 0221/ 169 19 221 | www.haustutt.de | **Öffnungszeiten** Mo–Sa ab 16, So ab 12 Uhr | **ÖPNV** Bahn 5, 13, Haltestelle Subbelrather Straße/Gürtel | **Sonstiges** Wechselnde Wochenkarte, Sälchen, Biergarten vorm Haus

47 Haus Unkelbach

Ein weiter Bogen

Das lateinische Wort »uncus« übersetzt man am ehesten mit »Bogen«, »Haken«. Daher stammt auch der Name des Örtchens Unkelbach bei Remagen: Der Rhein windet sich dort in einem weiten Bogen nach Nordwest. Gar nicht hakenschlagend, sondern sehr gradlinig durchmaß hingegen jener Karl Unkelbach seine Karriere, der im Jahr 1930 die Konzession für eine Gaststätte an der Weyerstraße 112 erhielt. Gerade einmal zweiundzwanzig Jahre alt war der Mann, aber er wusste, was er wollte. Damals habe man fast ausschließlich Pils ausgeschenkt, wird er sich viel später, als Zweiundneunzigjähriger, an diese Zeit erinnern. Die Gläser seien etwas größer als die heutigen Stangen gewesen und hätten gefüllt etwa zwei Groschen gekostet.

In diesem ersten Haus Unkelbach lernte Karl auch seine Frau Henriette kennen, bevor das Gebäude 1943 einer Fliegerbombe zum Opfer fiel. Dasselbe Schicksal widerfuhr dem zweiten Unkelbach, das schon an der Luxemburger Straße lag. Als es ebenfalls in Schutt und Asche zerbarst, zogen die Gastwirte ins Nachbarhaus Nr. 260.

Bis der Stammsitz sein heutiges Gesicht annahm, war es jedoch ein weiter Weg. Unter Karls Führung schwang sich das Unkelbach zu einem gehobenen Gasthaus auf. 1963 jedoch musste der Patriarch sein Lokal schweren Herzens verpachten, weil sich keines seiner Kinder bereitfand, die Nachfolge zu übernehmen. Siebenunddreißig Jahre blieb das Unkelbach daraufhin in familienfremder Hand, bewahrte sich allerdings seinen guten Ruf. Ab 1990 verwandelte es sich in das typische kölsche Brauhaus, wie man es heute kennt. Und im Jahr 2000 schließlich erfüllte sich Karl Unkelbachs Wunsch, als hier mit Alexander Manek einer seiner Enkel die Geschäfte übernahm. Wie eh und je fungiert das Unkelbach auch unter Maneks Ägide als führende Feierabendlokalität der Sülzer und Klettenberger. Und mit der orgiastischen »Haus Unkelbach-Pfanne« steht hier auch eine eigene, standesgemäße Küchenkreation auf der Karte.

Adresse Luxemburger Straße 260, Sülz | **Tel.** 0221/41 41 84 | www.hausunkelbach.de | **Öffnungszeiten** Mo–Fr ab 17, Sa ab 15, So ab 12 Uhr | **ÖPNV** Bahn 18, Haltestelle Sülzburgstraße | **Sonstiges** Brauhausküche, Biergarten

48_Herler Eck

Eine Heizung bekam nur die Gaststätte

Ein schönes Haus ist das, hier auf der Ecke Herler und Johanniterstraße. Es steht unter Denkmalschutz, und Ähnliches könnte auch dereinst der Kneipe im Parterre widerfahren. Wie das Gebäude, so stammt auch sie vermutlich von um 1900 – wie bei vielen kleinen Eckkneipen weiß man das nicht so genau. Zwischen 1938 und 1958 immerhin existierte hier eine gewisse historische Konstanz. Während dieser zwei Jahrzehnte nämlich wurde das Lokal als Familienbetrieb geführt und trug den Namen »Gaststätte Rudolf Niessen«.

Ein Jahr vor Kriegsbeginn war Niessen mit seiner Frau Maria als Pächter hier eingezogen. Über dem Eingang hing damals ein Schild, das mit »Echt Kölsch« auf die Brauerei Früh verwies, während hier heutzutage Gaffel ausgeschenkt wird.

Das Jahr 1945 sieht das Haus schwer beschädigt: Der Tanzsaal ist zerbombt, ebenso ein Großteil des Hausinneren. Die hübsche Fassade mit dem markanten Eckaufbau hingegen blieb erhalten (siehe www.rolf-niessen.de). 1954 wurden aus den Pächtern die neuen Hauseigentümer. Nießens renovierten das Dach, und das Treppenhaus wurde nun elektrisch statt mit Leuchtgas erhellt. Damals erstand auch die heutige Theke, die seitdem zur Tür hin ums Eck führt. Mit einem Durchbruch wurde die ehemalige Küche zu einem kleinen Sälchen. Außerdem bekam das Parterre als einzige Etage eine Heizung verpasst, während man über dem Gastraum weiter mit Kohle wärmte. Wieder verschwunden ist hingegen der beige Ölanstrich, der einer zeitgemäßeren Fassadenfarbe wich. 1958 verkauften die Nießens ihre Immobilie, für 120.000 Deutsche Mark, und wechselten in die »Schlagbaumschänke« in Holweide.

Viel getan hat sich seither nicht im Herler Eck, wie es dann irgendwann getauft wurde. Parallel zur stets belebten Theke drei kleine Tische, die gerade genug Platz für ein Würfelbrett lassen. Und genau so werden die auch meistens genutzt.

Adresse Herler Straße 53, Buchheim | Tel. 0221/69 71 63 | Öffnungszeiten täglich ab 10 Uhr | ÖPNV Bahn 3, 18, Haltestelle Herler Straße

49 Hinger d'r Heck

»Dorffer, Hoff und Landereien«

Heckenwirte nannte man ab dem 15. Jahrhundert jene Brauer, die ihr Handwerk nicht in einem zünftigen Betrieb gelernt hatten. Wenn sie dennoch Bier herstellten, taten sie dies sinnbildlich »hinter der Hecke«. Eine weitere Bedeutung sieht den »Heckenzäpper« als illegalen, privaten Nebenerwerbswirt. Das Brauen für den Eigenbedarf war steuerfrei, und so mancher Kölner verdiente sich ein Zugeld, indem er hin und wieder ein paar überschüssige Einheiten vertickte. Den offiziellen Brauern, die den sogenannten Bierpfennig zu entrichten hatten, war dies natürlich ein Dorn im Auge. Aber wirklich beendet wurde das Treiben erst durch die 1890 von den Preußen verordnete Konzessionspflicht für Kneipen.

»Hinger d'r Heck« wird im Volksmund auch die Rodenkirchener Wilhelmstraße genannt. Schon eine Karte der »Dorffer, Hoff und Landereien« aus der Mitte des 17. Jahrhunderts vermerkt hier einen »Markstein in dieser Heckgen«. Und von jener Historie zeugt mit ihrem Namen »Hinger d'r Heck« – oder HDH, wie die Stammgäste sagen – bis heute eine versteckte Kneipe. Rundherum belegen winzige, anderthalbstöckige Häuschen die dörfliche Vergangenheit des Vororts. Errichtet um das Jahr 1900, beherbergte das Haus an der Ecke zur Adamstraße von Beginn an eine Gastwirtschaft. »Zum Goldenen Stern« hieß sie für viele Jahrzehnte und auch noch während des Zweiten Weltkriegs, den das Haus heil überstand. Möglicherweise fiel die Umbenennung in die Zeit der Familie Reinartz, die hier ab Anfang der 1950er Jahre die Zapfhähne dirigierte. Jedenfalls war der Name längst etabliert, als das Haus 1975 in den Besitz der Familie Klinkner überging. Die heutige Wirtin, Annegret de Wal, geborene Klinkner, kellnerte übrigens früher im »Paraplü«, vormals »Beim Herrmann«, einer Kneipe am Rodenkirchener Gymnasium. Die »Heckenzäpperei« war also von langer Hand vorbereitet.

Adresse Wilhelmstraße 58, Rodenkirchen | Tel. 0221/39 43 58 | www.facebook.com/hdhkoeln | **Öffnungszeiten** Di–Sa ab 17 Uhr | **ÖPNV** Bahn 16, Haltestelle Rodenkirchen/Bahnhof | **Sonstiges** Gutbürgerliche Küche, Außengastronomie

50 Im Leuchtturm

Kölns einzige Seemannskneipe

Gar manche Kneipe wirbt mit einem nur exklusiv hier zu genießenden Getränk. Aber der Haustrunk des Leuchtturms ist wahrlich speziell – schon vom Namen her: Ostsibirischertelegrafenmastenwurzelschnaps heißt das Zeug, und wer einmal vor Ort war, sollte es probiert haben. Im besten Fall regt der Schnaps dazu an, sich die Einrichtung etwas genauer anzusehen. Denn im Leuchtturm hängt nicht einfach nur der übliche Kneipennippes, sondern hier fühlt man sich beinahe wie in einem – angenehm schummrigen – Schiffsmuseum.

Der Gründer von Kölns einziger Seemannskneipe war für die Kriegsmarine zur See gefahren. Einige der zahllosen maritimen Dekorationsobjekte stammen noch aus der Frühphase der Gaststätte, die erstmals 1955 ihre Pforten öffnete. So etwa das Foto des Kreuzers Emden, veredelt mit einem Original-Mützenband. Wer den Blick höher schweifen lässt – unter die Decke – entdeckt ebenfalls durchweg Echtes. Sei es die Schildkröte, der Hecht, der Hai oder der metallisch schimmernde Aligator: All diese Tierchen haben einmal wirklich gelebt. Ebenfalls der Seefahrtshistorie verpflichtet ist der stets im Leuchtturm tagende Freundschaftskreis der Fregatte Köln. Der kleine Kreuzer war im Ersten Weltkrieg in einem Seegefecht vor Helgoland gesunken. 506 Besatzungsmitglieder starben, nur ein Mann überlebte: Ein Foto des Heizers Adolf Neumann erinnert im Leuchtturm an diese Tragödie, während die Überreste des Schiffes an der Eigelsteintorburg zu besichtigen sind.

Auch im hinteren Bereich der Wirtschaft stößt man auf spannende, altehrwürdige Austellungsstücke. Sehr betagt etwa ist jene schmiedeeiserne Leiter, die ab 1895 im Becken des Rheinauhafens hing. Aber vom Alter her kann sie es nicht einmal ansatzweise aufnehmen mit jener Mauer, die den kleinen, feinen Biergarten des Leuchtturms begrenzt. Die hat nämlich an die 2.000 Jahre auf dem Buckel und stammt von den Römern.

Adresse Mauritiussteinweg 70, Innenstadt | **Tel.** 0221/99 55 42 62 | **Öffnungszeiten** Mo–Sa ab 17 Uhr | **ÖPNV** Bahn 9, Haltestelle Mauritiuskirchplatz | **Sonstiges** Kleine Speisen, historischer Biergarten

51 Im Rondellchen

Geselligkeit auf 45,68 Quadratmetern

Das Rondellchen trägt seinen Namen nicht umsonst, schließlich ist es kreisrund. Es entstand 1929 im Rahmen der Kölner Gartensiedlung, mit der luftiger, billiger und zugleich stadtnaher Wohnraum für die einfachen Leute geschaffen wurde. Noch rund zehn Jahre älter ist die Einfamilienhäuser-Zeile der GAG entlang der Ostseite des Akazienweges.

Vor dem Rondellchen hatte hier ein hölzerner Kiosk gestanden. »M'r jonn in et Büdche«, sagt manch angestammter Bickendorfer noch heute, wenn er die längst steinerne Gaststätte ansteuert. Fotos aus der Gründungsphase zeigen jedoch, dass das Lokal in den 1930ern zunächst als Café eingerichtet war – samt Lochstickerei-Gardinchen vor den Fenstern. Wer damals ein Bier trinken wollte, ging übers seinerzeit noch unbebaute Feld zum »Sasse« an der Venloer Straße.

Bis in die 1980er Jahre hinein rekrutierte sich die Klientel nicht zuletzt aus KVB-Gästen und -Angestellten. Denn am Rondellchen befand sich die Endhaltestelle der Linie 4, die hier in eine Schleife zum Rückweg mündete. Eben jenes Jahrzehnt bildete auch die Glanzzeit des vielleicht charismatischsten aller Rondellchen-Wirte. Schon Hans Reichels Vater Kurt, ein ehemaliger Polizist, hatte hier hinter den Zapfhähnen gestanden, bevor er sie 1973 seinem Sohn überließ. »Uns Hänsje«, wie dieser allseits genannt wurde, galt als kölsches Original und Tausendsassa in jeder Hinsicht. Mithilfe seiner Frau Marianne, einem Tanzmariechen der Blauen Funken, rotierte das Rondellchen auf Hochtouren. Als Hans Reichel 1993 schwerkrank starb, widmete ihm die Kölner Presse ausführliche Nachrufe.

Nachdem es in den 2000ern merklich ruhiger geworden war, drehte das Rondellchen ab 2009 unter neuer Führung wieder auf. Hier ist man gesellig, hier sitzen alle im Kreis. Und das auf gerade einmal 45,68 Quadratmetern.

Adresse Akazienweg 54a, Bickendorf | **Tel.** 0221/530 21 92 | **Öffnungszeiten** Mo–Fr ab 17.30, Sa nur, wenn der FC spielt | **ÖPNV** Bahn 3, 4, Haltestelle Akazienweg | **Sonstiges** Kleine Speisen, Außengastronomie

52 Im Stiefel

Der vorletzte Schluck entscheidet

Solange es Kneipen gibt, wird es auch Trinkspiele geben. Eines davon, das seine Hochphase in den 1970er Jahren hatte, war das Stiefeltrinken. Und nach ihm wurde auch dieses Lokal auf der Zülpicher Straße benannt. Mittlerweile hat sich diese Meile zur Hauptschlagader des studentisch-betriebsamen Kwartiers Latäng entwickelt, und nur noch ganz wenige Läden tragen mehr oder weniger ihr altes Kleid. Der Stiefel gehört dazu, und genau das hat ihn davor bewahrt, seinen Charakter zu verlieren. Entstanden ist er angeblich in den1920er Jahren als Tanzsalon. Seitdem war er vieles, unter anderem eine übel beleumundete Rockerkneipe. Danach wechselten zwar mehrmals die Besitzer, aber die jeweiligen Renovierungen fielen zum Glück behutsam aus. Heutzutage vermitteln die hohen, bekleisterten und bemalten Wände denselben rauen Charme wie die durchweg schrömmelige Musik. 2002 wurde das sympathisch abgeranzte Lokal zum Zülpicher Platz hin erweitert, den neugewonnenen Raum füllen nun zwei Kickertische. Auch die große Leinwand ist dem Fußball vorbehalten. Beinahe kaschiert die Patina, dass man sich in einer notorischen, stadtbekannten Gladbach-Kneipe befindet.

Mancherorts, vor allem in den Halligalli-Läden der Altstadt, stehen heutzutage die langen Glaszylinder zum Selberzapfen hoch im Kurs. Als der Autor dieses Textes in den 80er und 90er Jahren im Stiefel kellnerte, lagerten dort noch ein paar wenige Stiefelgläser à ein und zwei Liter im Regal. Weil sie teuer waren und gern geklaut wurden, musste bei der Ausgabe ein Pfand entrichtet werden. Wenn der Flüssigkeitspegel beim Trinken unter den Stiefelspann sank, schoss stets eine Bierwelle auf den Trinkenden zu. Das Spiel, das man mit diesen Gläsern betrieb, war im Übrigen ganz einfach (beziehungsweise mit zunehmender Spieldauer immer beschwerlicher): Wer den vorletzten Schluck macht, bezahlt den nächsten Stiefel.

Adresse Zülpicher Straße 18, Kwartier Latäng | Tel. 0171/359 69 82 | Öffnungszeiten täglich ab 18 Uhr | ÖPNV Bahn 9, 12, 15, Haltestelle Zülpicher Platz | Sonstiges Kickertische

53_Jakob Fertig

Von Bayern über den Eisenmarkt ins Vringsveedel

Der aus Bayern stammende Jakob Fertig übernahm im Jahr 1909 die Brauerei »Zum Rothenberg« in der Kölner Altstadt, deren Eingang zum Eisenmarkt hin lag. Obwohl der Standort zwischen Heumarkt und Rhein günstig schien, scheiterte auch dieser Brauer wie sämtliche seiner Vorgänger seit der Gründung 1838 bereits nach kurzer Zeit. Immerhin jedoch gelang es Jakob Fertig, mit dem Verkaufserlös von 1911 ein Haus an der Bonner Straße zu erwerben. Die Gaststätte im Erdgeschoss bekam seinen Namen – einen für einen Gastronomiebetrieb recht originellen Namen, wie man hinzufügen möchte. Der Schriftzug schmückt das Lokal bis heute. Fertig braute hier zwar nicht mehr selbst, hatte aber Erfolg als Gastwirt. Weil das Gebäude den Zweiten Weltkrieg beinahe unversehrt überlebte, ging der Staffelstab nahtlos über an Jakobs Sohn Hermann, der bis zu seinem Tod 1968 hinter dem Tresen stand. Nachdem auch er wieder von seinem Sohn abgelöst wurde, geriet das Schiff erst 1992 ins Schlingern, als die Fertigs ihr Lokal zu verpachten begannen. Zehn Jahre lang ging es mehr oder weniger stark bergab, bevor Jakobs Urenkel Ingo Fertig auf den Plan trat. Der autodidaktische Koch belebte die Familientradition neu und betreibt hier seit 2002 eine kölsche Wirtschaft mit französischer Küche.

Die letzte große Renovierung des Fertig ging 1968 vonstatten. Böden, Wände, Lampen und die Schankanlage – alles wurde erneuert. Ingo Fertig hat diesen Wandel zum »Gelsenkirchener Barock«, wie er es nennt, noch selbst miterlebt und bedauert den Verlust der alten Einrichtung bis heute. Andererseits: Seither sind immerhin auch wieder einige Jahrzehnte ins Land gegangen, und auf solch solidem Sixties-Resopal speist man nicht an vielen Orten. Darüber hinaus konnte doch manches aus Urgroßvaters Zeiten gerettet werden: Vom Eingang aus rechts, direkt am Woensam-Prospekt, thront Jakob Fertigs hölzerner Safe und obenauf seine antike Registrierkasse.

Adresse Bonner Straße 26, Südstadt | **Tel.** 0221/801 73 40 | **Öffnungszeiten** Mo–Sa ab 17 Uhr | **ÖPNV** Bahn 15, 16, Haltestelle Chlodwigplatz | **Sonstiges** Französische Küche, Außengastronomie

54 Kääzmann's

War's die Lehre, Leier oder doch die Lerche?

Eine Wirtschaft existiert hier seit mindestens 1868. Damals beantragte Gastwirt Johann Zimmer die Konzessionierung einer Kegelbahn. Achtzehn Jahre später übernahm seine Tochter Katharina den Betrieb, zusammen mit ihrem Ehemann Johann Zimmermann. »Schenkwirtschaft Am Kreuzweg« hieß das im Schnittpunkt von Rochus- und Subbelrather Straße gelegene Lokal seinerzeit. 1890 bekam es einen zweiten Stock mit einem großen Tanzsaal aufgesetzt, der später noch allerhand Wandlungen durchmachte. Gegen Ende des Zweiten Weltkriegs etwa diente er als Auffanglager für Flüchtlinge.

Die nächste Generation, Heinrich (Hein) und Gerhard (Jirrat) Zimmermann, arbeitete schon kurz nach dem Ersten Weltkrieg mitsamt ihren Frauen, den Schwestern Katharina (Kätt) und Mathilde (Tilla) Still, im Familienverbund. Ab Anfang der 1930er Jahre führte Heinrich den Betrieb allein und verpasste der Restauration den wunderlichen Namen »En d'r Lier«, also: In der Lehre, Leier oder Lerche. Was es damit auf sich hat, weiß heute niemand mehr. Der Name blieb jedoch auch erhalten, als 1957 Agnes Schmitz die Geschäfte übernommen hatte. Nachdem sie die Gaststätte 1960 verpachtete, erlebte diese noch zwei gute Jahrzehnte, bevor ein steter Niedergang einsetzte. 1988 griff Agnes' Enkel Michael ein und verwandelte die Eck- in eine Szenekneipe: Geboren war das »Wutzstock« – »Rockmusik und Bier«.

Seit 2007 ist auch das »Wutzstock« Geschichte, mit dem Kääzmann's entstand an gleichem Ort ein handverlesen eingerichtetes Kneipenrestaurant. Am schönsten ist die Geschichte mit den im Essbereich verlegten, aus einer niedersächsischen Burganlage stammenden Anröchter Bodenplatten: Die wiegen nämlich bis zu 600 Kilo das Stück. Hauswirt Schmitz hatte sie mit der Dickenangabe »27–43« ersteigert und nicht geahnt, dass es sich dabei nicht um Milli-, sondern um Zentimeter handelte.

Adresse Subbelrather Straße 543, Ehrenfeld | **Tel.** 0221/16 89 74 30 | www.kaeaezmanns.de | **Öffnungszeiten** täglich ab 17.30 Uhr | **ÖPNV** Bahn 3, 4, Haltestelle Äußere Kanalstraße | **Sonstiges** Gutbürgerliche Küche, kölsch-traditioneller Schwerpunkt

55 Kasselberger Gretchen

Per Patent zur Pinte

Ein Ingenieur namens Görlitz arbeitete bei einer Leverkusener Firma, die Schiffsschrauben herstellte. In den 1910er Jahren verkaufte er seine Patente, kündigte und erwarb stattdessen ein Haus in Kasselberg, in dem schon damals eine Gaststätte bestand. Der kleine Ort Kasselberg, direkt am Rhein gelegen, sollte noch bis 1922 zu Worringen gehören, bevor man nach Köln eingemeindet wurde. Seinen Namen verdankt die Gaststätte der Frau des Ingenieurs, die Margarete hieß. Sie wurde die erste Wirtin. Über 100 Jahre lang sollte fortan immer mindestens ein weiblicher Nachkomme der Familie auf diesen Vornamen getauft werden, sodass es tatsächlich immer ein Kasselberger Gretchen gab. Erst seit ein paar Jahren ist das aparte Ausflugslokal verpachtet.

So idyllisch das Gretchen gelegen ist, so stark hatte man hier stets mit dem Rheinhochwasser zu kämpfen. Nicht selten reichte der Fluss bis knapp unter die Decke des geduckten Raums, davon zeugt eine Marke an der Eingangstür. Aber in Kasselberg lebt man mit dem Rhein und weiß sich dementsprechend zu helfen. Der Bierkeller wurde irgendwann aufgegeben, alle Ware nach oben verlagert. Der Thekenbereich ist inzwischen komplett verkachelt, sämtliche elektrischen Geräte sind mobil eingebracht und können jederzeit entfernt werden. Zusätzlich entstand ein Treppensystem: Die erste führt zum Billardtisch, die nächste zur Kegelbahn und in den angrenzenden Saal, der erstaunlich groß wirkt, wenn man dieses alte Backsteinensemble zunächst nur von außen kannte. Dank der dort oben installierten Theke kann auch bei landunter weitergefeiert werden.

Zusammen mit dem Lokal erwarb Görlitz auch das Patent für die Fähre, die von hier nach Rheindorf übersetzte. Zwar wurde diese in den 1960ern eingestellt, weil von Leverkusen aus inzwischen eine Autobahnbrücke über den Fluss führte. Aber das Fährrecht besitzt das Kasselberger Gretchen bis heute.

Adresse Kasselberger Weg 101, Kasselberg/Merkenich | **Tel.** 0221/700 00 13 | www.facebook.com/Kasselbergergretchen | **Öffnungszeiten** Di–Sa ab 11, So ab 10 Uhr | **ÖPNV** Bahn 12, Haltestelle Merkenich, dann Bus 121 bis Kasselberg | **Sonstiges** Speisekarte, Terrasse mit Rheinblick

56 Kleine Glocke

Künstler, Exzentriker, Bacchanten

Dieses Lokal im hinteren Teil der Glockenstraße wirkt wie eine Insel kölscher Kneipenkultur. Wer hier eintritt, fühlt sich – unabhängig von der Tageszeit – in einer anderen, entspannteren Welt. Darüber hinaus darf man die Glocke getrost als Kölns letzten traditionellen Künstlertreff bezeichnen. Zusammen mit dem einst gegenüberliegenden, vom Krieg zerstörten »Decke Tommes« bildete sie die Keimzelle der »Kölner Progressiven«. Dem avantgardistischen Künstlerbund gehörten unter anderem Franz Wilhelm Seiwert und Heinrich Hoerle an, assoziiert waren jedoch auch Kollegen wie Max Ernst, Anton Räderscheidt oder August Sander. Dem Fotografen Sander ist es auch zu verdanken, dass der Nachwelt zahlreiche Ereignisse aus der Glockengasse überliefert sind. Hier hingen Originalbilder, mit denen die Künstler ersatzweise ihre Zeche beglichen, und hier starteten im Karneval die ersten legendär-anarchischen Lumpenbälle. Die Nazizeit machte beiden Bewegungen ein Ende.

All dies geschah zunächst unter dem wachen Auge von Jacob »Papa« Diese. Aber auch unter Sohn Tonys Ägide blieb die Glocke ab 1952 ein ausgesprochen lebhaftes Lokal. Neben Künstlern und Flaneuren verkehrten hier nun auch zunehmend Kulturschaffende aus dem Presse- und Fernsehbereich.

Auf ein Relikt aus alter Zeit stieß man bei der umfassenden Renovierung 2006. Unter mehreren Farbschichten fanden sich zwei große Gemälde des Kölner Maler-Originals Tony May (1914–2004): »Liegende mit Glöckchen« (Breitformat über der Theke) und die »Adenauer-Anspielung«, auf der man den alten Kanzler mit schief liegendem Köpfchen und geschlossenen Augen sieht. Und direkt rechts der Theke begegnet man Arno Faust, einem weiteren exzentrischen Ex-Stammgast. Der immer feuchtfröhliche Karikaturist starb 1984, einige seiner Zeichnungen jedoch überleben hier in der Glocke, im »Arno Faust Eckchen«.

Adresse Glockengasse 58, Innenstadt | Tel. 0221/258 95 17 | www.kleineglocke.com | Öffnungszeiten Mo–Sa ab 16 Uhr | ÖPNV Bahn 3, 4, 5, 16, 18, Haltestelle Neumarkt oder Appellhofplatz | Sonstiges Brauhausküche, kleine Außengastronomie

57_Kornbrenner

Eine Nippeser Institution

Der Name sagt alles: Hier wurde Korn gebrannt. Und tatsächlich lagern in einem Schuppen des Innenhofs noch immer die Gerätschaften von damals – metallene Bottiche, Rohrleitungen und sonstige Relikte einer vergangenen Zeit. Eingerichtet wurde diese kleine Destillieranlage von Theodor Töller, der hier im Jahr 1910 seine »Dampf- und Kornbranntweinbrennerei« eröffnete. Wie viele andere Brennereien, so musste jedoch auch Töller seine Produktion im Laufe des Zweiten Weltkriegs einstellen. Getreide sollte in Zeiten der Lebensmittelknappheit zu Brotteig statt zu Schnapsmaische verarbeitet werden.

Bis zum Jahr 1960 führten zwei unverheiratete Töchter Theodor Töllers den Schankbetrieb. Damals handelte es sich um einen mehr oder weniger ruinösen Flachbau. Die Stockwerke oberhalb der Gaststätte, wie vieles in Köln nicht gerade ein architektonisches Nachkriegs-Schmuckstück, entstanden erst im Laufe der 1960er Jahre. Von den eingefleischten Gästen hatten die beiden Juffern hinter ihrem Rücken einen wenig schmeichelhaften Namen erhalten: die »Vier Arschbacken«. Ein im Laden aufgehängtes Foto zeigt sie hingegen noch als weiß gewandete kleine Mädchen nebst Vater vor der Gastwirtschaft.

1980 ging der Kornbrenner in die Hände der alteingesessenen Kölner Gastwirtsfamilie Robinson über. Nach Rudi Robinsons Tod 1981 waren mit Witwe Lydia und Tochter Patricia wiederum zwei Frauen am Ruder. Sie führten den »Korni« bis 2015 mit einer ausgesprochen sympathischen rheinischen Noblesse.

Auch nach der sanften Renovierung 2016 haben sich zahlreiche Elemente der Gründungsphase erhalten, von denen der erhöhte Alkoven im hinteren Raum die historisch interessanteste Rolle spielt. Hier nämlich fand in jener fernen Zeit vor der Musikbox, dem Plattenspieler oder Mp3-Player ein kleines Orchester Platz.

Adresse Neusser Straße 171, Nippes | **Tel.** 0221/16 79 93 33 | **Öffnungszeiten** Di–So ab 16 Uhr | **ÖPNV** Bahn 12, 15, Haltestelle Lohsestraße | **Sonstiges** Brauhausküche, Außengastronomie

58_ Das Körner's

Tradition seit 1874

Schon 1874 stand an diesem Ort ein Gasthaus. Es hieß »Alter Stammheimer Hof«, und den Beweis für seine Existenz findet man an der linkswärtigen Wand des Lokals: Das auf den Putz gemalte Großgemälde aus dem Jahr 1960 stammt von Jakob Röhrig. Dieser wiederum ist für die jüngere Geschichte der Riehler Gaststätte verantwortlich. Gemeinsam mit seiner Frau Maria eröffnete er 1948 die heutige Gaststätte namens Körner's. Wie die beiden aussahen, belegen die Fotos an der Bilderwand direkt hinter dem Gemälde.
Historie, wohin man blickt: Eine weitere Schaufläche ist dem berühmtesten Sohn der Gastronomenfamilie gewidmet: Peter René Körner (1921–1989) war ein Theater- und Fernsehstar der Nachkriegszeit. Fotos, Plakate und zahlreiche Autogrammkarten zeugen von seiner erfolgreichen Karriere, die ihn unter anderem mit Willy Birgel, Hans-Jürgen Bäumler und Trude Herr zusammenbrachte. Obwohl selbst nie Gastronom, saß auch er mehr als einmal an der hübschen Theke des Körner's mit Blick auf den noch älteren Thekenschrank. An den massivhölzernen Tischen wiederum genießt der Gast gutbürgerliche Speisen inklusive »Körner's Riesencurrywurst«.
Als eine der ersten Gaststätten nach dem Krieg ließ das damalige »Röhrig« Reissdorf Kölsch durch die Leitungen laufen. Auch das bis heute angebotene Würzburger Hofbräu wird hier seit vielen Jahrzehnten goutiert. Während nach vorn heraus der Biergarten lockt, steht den Gästen hinten ein kleines Sälchen für Veranstaltungen zur Verfügung. Hier wird auch das Sparkästchen geleert und geht so manches Kneipenkonzert über die Bühne. Das Körner's steht zum einen für echt kölsche Familiengastronomie, und zum anderen bietet es den Riehlern und ihrem Veedel einen historisch gewachsenen Anlaufpunkt. Unverbaut auch der Blick auf den nördlichen Eingang des Kölner Zoos. Wenn der Verkehr hier mal ruht, glaubt man, die Seelöwen plantschen zu hören.

Adresse Stammheimer Straße 100, Riehl | **Tel.** 0221/ 976 33 30 | www.gaststaette-koerners.de | **Öffnungszeiten** Di–Sa ab 17 Uhr | **ÖPNV** Bahn 13, 16, Haltestelle Amsterdamer Straße/Gürtel, Bus 149 bis Haltestelle Riehler Gürtel | **Sonstiges** Gutbürgerliche Küche, Sälchen, Biergarten

59 Krein's

Hennes und Hans, Du und Ich

Wer sich auf die Suche nach der traditionellsten aller FC-Kneipen macht, der landet unweigerlich an der Vitalisstraße in Müngersdorf. Gegenüber beeindruckende Fachwerkvillen und hier: ein unscheinbarer, weiß-grau verkachelter Nachkriegsriegel, der jahrzehntelang den altmodisch anmutenden Titel »Sportklause Nelles« trug. Wenn man jedoch dort eintritt, kommt man aus dem Staunen nicht mehr heraus. Dieses überbordende FC-Museum besteht aus unzähligen Dokumenten zur Clubgeschichte. Kein Finger passt zwischen all die zum Teil handsignierten Originalfotos, die sämtliche Wände bedecken. Dass direkt über dem Ausgang ein postergroßes Porträt der Double-Sieger von 1978 prangt, ist sowieso Ehrensache. Aber ob das Müngersdorfer Stadion kurz nach der Einweihung in den 1920ern, die Mannschaft des FC-Vorgängers Sülz 07 von 1932 oder eine frühe Aufnahme des Meistertrainers Hennes Weisweiler: Hier findet man alles, und hier entdeckt man vieles neu – großartig!

Weisweilers Trauergottesdienst fand im Dom statt, und dort steht auch die Station 1 des Kölner Abschnitts der Deutschen-Fußball-Route (www.dfr-nrw.de). Plakette Nummer 2 (von insgesamt 11) hängt dann schon vor dem heutigen Krein's. Hier fädelte der Hennes so manchen Vertrag ein, hier trank er sein Bier und kloppte seinen Skat, zum Beispiel mit Kurt Brumme, dem legendären WDR-Sportchef und Moderator der samstäglichen Kultsendung zur Bundesliga »Sport und Musik«. Schon vor Weisweiler standen hier Berner Helden wie Fritz Walter und Hans »die Knoll« Schäfer an der Theke, denen später FC-Heroen wie Jupp Röhrig, Leo Wilden oder Manfred Manglitz folgten. Und unabhängig davon, dass man solche Kaliber hier natürlich nicht alle Tage trifft, ist das Krein's mit seinen holzbetonten Nischen, den Polsterbänkchen und der archaischen Theke ganz nebenbei auch noch eine sehr hübsche, atmosphärische Gaststätte.

Adresse Vitalisstraße 303, Müngersdorf | **Tel.** 0221/48 53 55 55 | **Öffnungszeiten** Mo–Fr 11.30–15 Uhr und wenn der FC spielt | **ÖPNV** Bus 140, 141, 143; S-Bahn 12, 13, jeweils Haltestelle Müngersdorf/Technologiepark | **Sonstiges** Gutbürgerliche Küche, Außengastronomie

60 La Strada

Strangers in the Night

Die 1970er Jahre waren eine gastronomische Aufbruchszeit. Der Trend ging weg von den Tanzcafés und Bürgerkneipen, es entstanden die ersten Szenelokale. Mitten hinein in diese Ära wurde 1974 auch das La Strada geboren. Übersetzt bedeutet der Name »Die Straße«, und wenn man den bestimmten Artikel betont, liegt man nicht falsch. Dieser Laden erblickte an den Kölner Ringen das Licht der Welt, mithin mitten im Trubel. Köln nannte man damals das »Chicago am Rhein«, und damit gemeint war genau jene seinerzeit zwielichtige Meile zwischen Rudolf- und Friesenplatz. Für verschwiegene Gespräche und Tête-à-Têtes jeglicher Art ist das La Strada geradezu ideal. Eine dunkle, von Trillionen Zigaretten gegerbte Holzvertäfelung schmückt die Wände, obenrum ergänzt von braunem Anstrich und zahlreichen Gemälden aus der Frühzeit des Lokals. Der gemütliche, wenngleich schlauchartige Raum offeriert ruhige, nischenartige Tische und parallel dazu eine lange Theke mit perfektem Hocker-Tresen-Höhenverhältnis. Mit anderen Worten: Hier spreizt man genauso gern den Espressofinger ab, wie man die Faust um eine Kölschstange ballt. Natürlich gehören auch Cocktails in solch ein Lokal, und dass die Küche mediterran ausgerichtet ist, verwundert ebenfalls nicht.

Berühmt war das La Strada schon immer für seine langen Öffnungszeiten. Die Unterüberschrift dieses Textes versteht man erst richtig, wenn man hier einmal bis zum Zapfenstreich geblieben ist. Ganz so einfach machen es die Kellner den Nachteulen dabei nicht, denn bis zum letzten Bier im La Strada ist es unter Umständen schon wieder hell geworden. Und dann läuft eben jener alte Crooner-Song, geschrieben 1966 von Bert Kaempfert und berühmt geworden durch die Interpretation von Frank Sinatra: »Strangers in the Night«, Fremde in der Nacht. »Doo be doo be doo«, singt Frankieboy am Ende, und so ähnlich fühlt man sich dann auch meistens.

Adresse Hohenzollernring 13, Ringe/Belgisches Viertel | Tel. 0221/25 18 65 | www.Lastrada-Koeln.de | Öffnungszeiten täglich ab 12 Uhr | ÖPNV Bahn 1, 7, 12, 15, Haltestelle Rudolfplatz | Sonstiges Terrasse vor dem Haus auf den Ringen

61_Lederer

Wrede, WDR und Wallrafplatz

»Die heutigen Prominenten«, erzählt eine der freundlichen Kellnerinnen, »die kommen immer so rein, dass man von der Nase nur die Löcher sieht.« Die Bläck Fööss hingegen oder der Hans Süper seien ganz normale Menschen geblieben. Das kleine Zitat macht deutlich, wie es im Lederer so zugeht. Die Kneipe liegt schließlich direkt gegenüber dem Funkhaus am Wallrafplatz. Ungezählte Künstler, die hier ihren Auftritt absolvierten, kehrten danach – oder auch davor – hier ein. Einige von ihnen begegnen dem Gast wie in einem aufgeschlagenen Fotoalbum, wenn er die kleine, beliebte Nische links hinter dem Tresen betritt. Da hängen dann etwa signierte Autogrammkarten des einstigen Schlager-Duos Waterloo & Robinson (»Meine kleine Welt«) neben Fotos von Dieter Hildebrandt und dem erwähnten Chef des Colonia Duetts, der im Übrigen auch auf einem riesigen Gips-Ei verewigt wurde.

Der Name Lederer stammt nicht vom ersten Wirt des Lokals, sondern von der gleichnamigen Nürnberger Brauerei, deren Bier hier früher ausgeschenkt wurde. Auch das Nürnberger Wappen über dem Kamin sowie die alten Fässer unter der Thekendecke zeugen von dieser Zusammenarbeit.

Zum Wallrafplatz hin besitzt das Lokal ein kleines Schiebefenster für das schnelle Kölsch zwischendurch. Dort stehen sommers auch ein paar Tische – in unmittelbarer Nähe zum Dom und dennoch ein bisschen ab vom Trubel. Seit August 2009 regiert hier die chinesische Familie Zhang, der allerdings von Beginn an klar war, dass man eine Institution wie den Lederer nicht verändern darf. In diesem Sinne schmücken weiterhin rot-weiß karierte Deckchen die Tische, während rechts an der Wand die Vitrine mit kölnischen Büchern zum Ausleihen hängt, allen voran der dreibändige Wrede. Und statt Frühlingsrollen serviert man hier auch immer noch Frikadellen.

Adresse Unter Fettenhennen 2, Innenstadt | **Tel.** 0221/257 75 49 | www.lederer.koeln/de | **Öffnungszeiten** täglich ab 11 Uhr | **ÖPNV** Bahn 5, 16, 18, Haltestelle Dom/Hbf | **Sonstiges** Gutbürgerliche Küche, Außengastronomie

62 Lommerzheim

Ein Denkmal für den Wirt

Fragt man nach *der* kölschen Traditionsgaststätte, landet man zwangsläufig beim Lommerzheim. Die Deutzer Kneipe mit der unglaublich abgerockten Fassade ist dermaßen bekannt, dass man vielleicht am besten von den Neuerungen erzählt.

Hans Lommerzheim hatte am 31. Dezember 2004, nach fünfundvierzig Jahren, den Zapfhahn endgültig beiseitegelegt. Ein halbes Jahr später war er tot, und die legendäre Kneipe, die er zusammen mit seiner Frau Annemie bewirtet hatte, stand leer. Mal sollte sie ins Freilichtmuseum nach Kommern umgesiedelt werden, mal zumindest teilweise ins Kölner Stadtmuseum. Zum Glück zerschlugen sich beide Pläne, denn seit dem 13. März 2008 fließt hier wieder das Kölsch aus den Fässern. Während sich der historische Schankraum – Gott sei Dank – unverändert präsentiert, wurde das Lokal nach unten und zur Seite hin vergrößert. Ein zweiräumiger Gewölbekeller verspricht rustikale Atmosphäre, der neue Biergarten hingegen Getränke unter freiem rechtsrheinischem Himmel. Dort in der ehemaligen Baulücke steht auch das 2008 eingeweihte Denkmal für den Wirt: Der Lommi-Brunnen zeigt ihn beim Zapfen eines Kranzes unter gekipptem Fässchen. Möglich wurde die Bronze-Plastik dank des Engagements des Vereins »Ein Denkmal für Lommi«, einem rührigen Zusammenschluss altgedienter Stammgäste.

Begonnen hatte Hans Lommerzheim einst als Köbes der Päffgen-Brauerei. Bekannt und beliebt wurde er nicht zuletzt wegen seiner zumeist eher grummeligen, jedenfalls überaus trockenen Art. Fragte ihn ein Journalist, wie es früher hier wohl ausgesehen habe, so antwortete er mit allem gebotenen Ernst: »Hell!« Wie weit man mit solch einem rhetorischen Repertoire kommen kann, zeigt sich schräg gegenüber dem Lokal. Dort nämlich führt eine schmale Passage vom Deutzer Jugendgästehaus zum Bahnhof, die im Jahr 2010 auf den Namen Hans-Lommerzheim-Weg getauft wurde.

Adresse Siegesstraße 18, Deutz | **Tel.** 0221/81 43 92 | www.lommerzheim.koeln | **Öffnungszeiten** Mi–Mo 11–14.30 u. 16.30–24, So 10.30–14.30 u. ab 16.30 Uhr | **ÖPNV** Bahn 1, 7, 9, Haltestelle Deutzer Freiheit | **Sonstiges** Kölsche Küche, Biergarten

63_Lotta

Der Kampf geht weiter

Obwohl es *die Lotta* heißt, geht der Name dieser Kneipe nicht auf den weiblichen Vornamen zurück, sondern stammt aus dem Italienischen. »Lotta continua« bedeutet so viel wie »Der Kampf geht weiter« und war der Titel einer linksradikalen Gruppe aus Turin. Im Gefolge der 68er-Bewegung hatten sich dort Studenten und Arbeiter des Autokonzerns Fiat zusammengeschlossen. Auch die Lotta in der Kölner Südstadt entsprang einem linken Bündnis. Hier legte ein Kollektiv seine Ersparnisse mit dem hehren Ziel zusammen, der eigenen Community eine weitere Zapfstelle neben dem Q-Hof zu bieten. In der angenehm schummrigen Atmosphäre im Schatten des Severinstors ist aber auch jeder andere Gast stets willkommen. Zwar läuft hier vorzugsweise Musik der härteren Gangart (Punk, Ska, auch schon mal Reggae), aber dennoch schwappt die Stimmung nie ins Aggressive. Dafür sorgt schon die mit allen Wassern gewaschene Thekencrew.

Ihre erste Heimat fand die Lotta 1995 in der Achterstraße. Damals bewährte sich die Idee, eine aufgegebene kölsche Eckkneipe zu übernehmen und behutsam zu renovieren. Auch im 2001 eröffneten Etablissement am Kartäuserwall sind die Traditionsspuren noch gut zu erkennen, man betrachte beispielsweise die bleigefassten, braun getönten Fensterscheiben. Die stammen noch aus den Tagen, als der Laden »An d'r Vringspooz« hieß. Seinerzeit regierte hier ein schwules Pärchen, und es gingen schräge Shows über die kleine Bühne.

Weil Linkssein heutzutage weiter gefasst wird als einst, steht man in der Lotta auch zum kölschen Lokalpatriotismus. Karneval wird genauso ausgiebig zelebriert wie die Live-Übertragung aller FC-Spiele. Dass dies auch für die Matches von St. Pauli gilt, versteht sich in diesem Ambiente von selbst. Wer mag, kann dazu sogar original Hamburger Astra oder einen scharfen »Mexikaner à la Reeperbahn« trinken.

Adresse Kartäuserwall 12, Südstadt | Tel. 0221/348 93 83 | www.lotta-koeln.de | Öffnungszeiten täglich ab 19 Uhr und zur Bundesliga | ÖPNV Bahn 15, 16; Bus 132, 133, jeweils Haltestelle Chlodwigplatz

64 Low Budget

Understatement im Belgischen Viertel

Im Belgischen Viertel kloppt man gerne den Putz von den Wänden und präsentiert die nackten Backsteine. Im Low Budget dagegen hängt statt einer irgendwie hippen Wandverkleidung nur ein rotes Tuch von der Decke herab. Die Schlichtheit dieser Dekoration ist zugleich ein Statement: In diesem Laden haben Schickimicki, modische Trends und Schönfärberei keine Chance.

Als Lothar Stöteknuel und Albert Altenhofen hier 1996 das Ruder übernahmen, hatten sie zunächst einen schweren Stand. Die Aachener Straße war längst noch nicht so gastronomisch erschlossen wie heute, außer dem »Six Pack« weiter vorn Richtung Rudolfplatz und dem ehemaligen »EWG« an der Ecke zur Moltkestraße gab es nicht viel. Einen ersten Durchbruch in Sachen Mundpropaganda brachte die Wanderausstellung einer Karl-Marx-Unterhose (nun ja, nicht wirklich). Irgendwann jedoch hatte sich das Low Bud etabliert als ebenso rustikale wie zeitgeistfreie Tränke. Hier läuft, da kann man sich drauf verlassen, gitarrenlastige Musik ohne Wenn und Aber, alles zwischen Surf, Garage, Punk und AC/DC.

Der weiteren Entwicklung förderlich war nicht zuletzt die Raumaufteilung des Ladens. Hintendurch lag nämlich eine alte Kegelbahn, die das Wirtsduo zu einem vielseitig bespielbaren Raum ummodelte. Hinter dem Poolbillardtisch gelangt man in einen engen, sehr intimen Schlauch, in dem unter anderem die beliebte Offene Wunde, eine Open-Mike-Veranstaltung, zelebriert wird. Vor dem Low Budget war in diesen Mauern eine Weile die »Wunderbar« beheimatet, ein berüchtigter Nachtschuppen, der ursprünglich von der Venloer Straße kam. Heutzutage trinkt man hier sein Bier unter den Killeraugen von Samuel L. Jackson und John Travolta, die ihre Pulp-Fiction-Knarren in Richtung Theke recken. Aber spätestens nach dem dritten Fass-Tequila hast du den festen Eindruck, dass Sam und Johnny dich in Wirklichkeit angrinsen.

Adresse Aachener Straße 47, Belgisches Viertel | **Tel.** 0221/25 54 84 | www.lowbud.de | **Öffnungszeiten** Mo–Sa ab 19 Uhr | **ÖPNV** Bahn 1, 7, Haltestelle Moltkestraße | **Sonstiges** Kleine Außengastronomie

65_Mainzer Hof

Bratkartoffeln und Kunststudenten

Nach dem Krieg wurde der Mainzer Hof lange Zeit von der legendären Frau Jokisch geführt. Zunächst stand sie hier zusammen mit ihrem Mann hinterm Tresen. Nach dessen Tod verkaufte sie das Haus an die Sünner-Brauerei und erhielt im Gegenzug lebenslanges Wohnrecht. Ihr neuer Kompagnon hieß Maria und kam aus Bayern. Tag für Tag enterten in dieser Zeit, wir reden von den 1970er Jahren, Kunststudenten den Laden, um sich von den beiden Frauen bekochen zu lassen. Obwohl sie nur über ihre Privatküche verfügten, ging hier niemand ohne einen Teller Bratkartoffeln mit Spiegelei zurück zur Lehranstalt. Einige dieser Nachwuchskünstler wurden später berühmt.

Bratkartoffeln ja, Pommes nein – so lautete auch eines der Mottos von Jutta Volkenrath, die den Mainzer Hof ab 1984 für insgesamt 20 Jahre führte. Die »Pauli«, wie sie nach ihrem Mädchennamen Paulmann bis heute heißt, fand hier eine hübsche, wenn auch leicht vermuffte Eckkneipe mit schweren Brokatvorhängen vor. Unter Frau Jokisch hatte das Lokal aus nicht viel mehr als dem rechts gelegenen Thekenbereich bestanden. Wo heute gegessen wird, befanden sich Wohn- und Schlafzimmer der alten Besitzer, hinten durch stand sogar noch eine antike Badewanne. Die schnell erworbene Küchenkonzession ebnete den Weg für eine gediegene Speisekarte. Kostenlose Ausstellungen banden die Kunststudenten an den Laden und das wieder aufgehängte Sparkästchen die Alteingesessenen. Als große Attraktion erwies sich eine Wiederbelebung auf karnevalistischem Gebiet: Der Mainzer Hof war 1985 eine der ersten Kneipen, die eine Nubbelverbrennung durchführten.

Die Pionierzeiten mögen vorbeisein, aber der Mainzer Hof blieb stets eine solide Anlaufstelle. Hier kann man sich zum Essen verabreden, aber durch die räumliche Separierung fühlt sich auch der reine Biertrinker am Tresen gut aufgehoben. Oder, im Sommer, am Hochtisch vor der Tür.

Adresse Maternusstraße 18, Südstadt | **Tel.** 0221/31 25 49 | www.mainzerhof-koeln.de | **Öffnungszeiten** täglich ab 17 Uhr | **ÖPNV** Bahn 15, 16, Haltestelle Ubierring oder Chlodwigplatz | **Sonstiges** Speisekarte, kleine Außengastronomie

66 Die Malzmühle

Auferstanden aus Ruinen

Von der Malzmühle existiert eine großartige Aufnahme aus dem Jahr 1948: Über einem Trümmerberg erhebt sich die nackte Portalsfassade des Brauhauses, und dahinter, mitten im Nichts, stehen zwei Männer beim Bier. Auf Schildern an einem der Pfeiler ist zu lesen: »Regional Commissioner's Residence«, »Echt Kölsch vom Fass«. Das Foto strahlt eine zarte Zuversicht aus: Hier paaren sich Überlebenswille und Bierdurst.

Mit diesem Bierstand ersteht eine kölsche Institution aus den Ruinen, deren Geschichte bis ins Jahr 1858 zurückreicht. Da nämlich gründete Hubert Koch in einem schon seit 1744 bestehenden Haus seine »Bier- und Malzextract-Dampfbrauerei«. Der Ort war gut gewählt: Am Heumarkt stand die städtische Kornwaage, am Filzengraben das Zunfthaus der Fassbinder, und gleich um die Ecke lag von 1572 bis 1853 die Ratsmalzmühle. Nach ihr benannte Koch dann auch sein Brauhaus.

Einen größeren Umbau erfuhr das Lokal zuletzt im Sommer 2010. Unter anderem wurde dabei die Schwemme verlegt, also der Bereich für die »Nur-Trinker«. Die treffen sich jetzt nicht mehr ganz hinten durch, sondern rechts vor dem Beichtstuhl. Von hier aus führt wiederum eine hölzerne Wendeltreppe ins neu eingezogene Zwischengeschoss.

Mühlenkölsch ist heutzutage eines der beliebtesten Pittermännchen-Biere, und auch der Kasten hat seine eingeschworenen Anhänger. Das liegt nicht zuletzt daran, dass die Malzmühle als Letzte ihrer Art auf die alte, bauchige Euro-Glasflasche setzt. Das grundehrliche Halblitergebinde motzt Kölsch nicht zum Edelprodukt auf, sondern kongruiert mit dem Inhalt: einem schlichten Gebräu aus Hopfen, Malz, Hefe und Wasser. Dass man es auch in höchsten Kreisen genießt, bestätigte der Besuch Bill Clintons im Brauhaus am Heumarkt. Anlässlich des G8-Gipfels 1999 trank er hier zum Rheinischen Sauerbraten gleich zwei Stangen Mühlenkölsch.

Adresse Heumarkt 6, Altstadt | **Tel.** 0221/21 01 17 | wwww.brauereizurmalzmuehle.de | **Öffnungszeiten** Mo–Do ab 16, Fr ab 15, Sa u. So ab 12 Uhr | **ÖPNV** Bahn 1, 7, 9, Haltestelle Heumarkt | **Sonstiges** Brauhausküche

67_Manni's Rästorang

Ein folkiges Bermudadreieck

Dass Manni´s Rästorang einmal der älteste Laden des Kwartier Latäng werden sollte, stand in den frühen 1970ern noch in den Sternen. Damals kellnerte der Jurastudent Manni Lennartz zunächst im Hatsch auf der Kyffhäuser, bevor er für fünf Jahre eine Wirtschaft in der Südstadt übernahm: Bei Manolito. 1978 dann schloss auf der Ecke Hochstaden- und Kyffhäuserstraße eine typisch kölsche Eckkneipe mit dem klingenden Namen »Obstkörbchen«. Im selben Jahr zog hier Manni's Rästorang ein. Als am ersten Abend der philippinisch-amerikanisch-kölsche Folker Rick Abao aufspielte, rückte direkt die Polizei an.

Unter jungen Menschen grassierte seinerzeit zudem ein Hang zur Protest- und Folkmusik. Als junger Anhänger der Wandervogel-Bewegung hatte Manni schon die legendären Burg-Waldeck-Festivals der 1960er besucht, bei denen Liedermacher wie Franz-Josef Degenhardt, Hannes Wader oder auch Reinhard Mey gefeiert wurden. Manni selbst absolvierte bald zahllose Auftritte mit seiner Band Odyssia, der auch Nico, ehemals Chef des Dionysos an der Ecke Meister-Gerhard- und Dasselstraße, angehörte. Das griechische Restaurant schloss im Jahr 2008.

In den frühen 1980ern entwickelte sich Manni's Kneipenrestaurant zu einem der angesagtesten Treffs der Studentenszene. Zum einen lag das an der beliebten Küche mit ihrem Schwerpunkt auf Fisch und Griechisch. Zum anderen an der vorteilhaften Lage. Direkt gegenüber befand sich schon seit Jahren das Tinnef, eine beliebte Folkkneipe. Wie bei Manni gingen auch dort hunderte von Livekonzerten über die Bühne. Und schräg gegenüber hatte 1974 in den Räumlichkeiten eines ehemaligen Pfandhauses das Museum aufgemacht. Zusammen mit dem Manni's entstand so ein Bermudadreieck, in dem man ohne große Umwege (er-)saufen konnte. Das Tinnef verschwand, das Museum wurde verpflanzt. Aber Manni's Restaurant ist, auch nach dem Tod des Chefs 2011, noch immer da.

Adresse Kyffhäuserstraße 18, Kwartier Latäng | **Tel.** 0221/23 09 70 | www.mannisraestorang.de | **Öffnungszeiten** Mo–Sa ab 17.30 Uhr | **ÖPNV** Bahn 12, 15, 16, 18, Haltestelle Barbarossaplatz | **Sonstiges** Gelegentliche Konzerte und Ausstellungen

68_Max Stark

Die Blaue Grotte und ihre Madonna

Der Abriss der mittelalterlichen Stadtmauer begann 1880 und zog sich über Jahre. Immerhin handelte es sich um die mächtigste Befestigung nördlich der Alpen, ein nie erobertes Bollwerk. Als letztes Stück verschwand 1895 der Abschnitt zwischen Eigelstein- und Kunibertstor. Wo Unter Kahlenhausen an die Mauer grenzte, also dort, wo man heute das Max Stark findet, war einer der Mauer-Rundbögen zu einer »Blauen Grotte« ausgestaltet: einem himmelblauen Arrangement mit Gottesmutter und Jesuskind.

Der historische Namensgeber des Max Stark wurde im Jahr 1902 geboren. Irgendwann in den 1930ern übernahm er die Gaststätte seines ebenfalls auf den Namen Max hörenden Vaters. Dem Vernehmen nach haben sich hier nicht zuletzt die Hobby-Fußballer des Eigelstein- und Kunibertsviertels zur dritten Halbzeit getroffen.

Den Zweiten Weltkrieg überlebte nur ein Teil der Fassade des Hauses. Max Stark, selbst nicht Besitzer der Immobilie, drängte auf die Restaurierung, aber es dauerte bis zum Jahr 1953, ehe hier ein Notdach aufgezimmert wurde. Dieses hielt dann immerhin fünfundvierzig Jahre die Stellung, während der »Starkse Max« in den 1960ern abdankte. Rund drei Jahrzehnte führte hier fortan die Gastronomenfamilie Muscheid Regie, ehe Hussein Celik einzog. Fortan hieß die klassische Eckkneipe »Ephesus« und probte einen kölsch-türkisch-griechischen Brückenschlag – der allerdings nie richtig fluppte.

Das Max Stark ist heute eine florierende, brauhausartige Veedelskneipe mit Zulauf auch aus anderen Stadtteilen. Die große Kehrtwende setzte 1998 ein, als Neubesitzer Wolfgang Herrig das marode Haus abreißen und im originalen Stil samt historischer Fensteranordnung wieder aufbauen ließ. Auch eine Kneipe, so viel war klar, sollte im Parterre wieder einziehen. Und bei der Namenssuche, logisch, orientierte man sich ebenfalls am Altbewährten.

Adresse Unter Kahlenhausen 47, Kunibertsviertel | Tel. 0221/200 56 33 | www.max-stark.de | Öffnungszeiten täglich ab 11 Uhr | ÖPNV Bahn 5, 12, 15, 16, 18, Haltestelle Ebertplatz | Sonstiges Brauhausküche

69_Metronom

Bebop und Bier im Blut

Kaum ein anderes Kölner Lokal erhält auf den einschlägigen Gastroseiten des Internets derart viele Kommentare wie das Metronom, und das liegt zweifellos an seiner Einzigartigkeit. Im Metronom ist es eng, die Einrichtung wirkt altertümlich, und aus den Boxen perlt Jazz. Und dies auch noch ausschließlich mithilfe jener spiralig gerillten Vinylscheiben, die man früher LPs nannte und deren abgegriffene Papprücken hier meterweise die Regale füllen. Weil dies so ist, treffen sich hier sämtliche Altersklassen von achtzehn bis achtzig. Seit mittlerweile über vierzig Jahren.

Denn nachdem bereits 1959 der jazzige »Kintop Saloon« aufgemacht hatte (dort, wo heute das Off Broadway residiert), öffnete das Metronom am 30. November 1968. Damals lag die »Pinte für Jazz-Ohren« noch am Zülpicher Platz. Die Wellen schlugen bekanntlich hoch in jener Zeit, und nicht jeder Gast teilte die Vorliebe für Jazz. Der Kölner Poplyriker Rolf-Dieter Brinkmann beispielsweise flog gemäß eigener Darstellung wegen Pöbeleien raus (»Ich ging hin und sagte, spielt doch mal was anderes als den frustrierten Dreck«).

1981 dann zog das Jazzlokal in die Räume der ehemaligen »Kneipe ohne Namen« – ebenfalls ein Laden mit Sinn fürs Politische und Ungewöhnliche. Die Betreiber wechselten – vom gelernten Bäckermeister Friedel Dötsch zum immer freundlichen Amerikaner Chris Bishop, der seine legendäre Plattensammlung hier ab 1992 einbrachte und das Steuer bis 2010 in der Hand behielt. Die Fotos alter Jazz-Größen an den Wänden blieben hängen, und sie wirken dank der über die Jahrzehnte angesetzten Patina umso atmosphärischer und ausdrucksstärker. Mit anderen Worten: Wer hier sein Galerieplätzchen an der Wand ergattert hat, womöglich mit einem vorzüglich gezapften Guinness vor der Nase, der spürt alsbald den Bebop im Blut.

Adresse Weyerstraße 59, Griechenmarktviertel | **Tel.** 0221/21 34 65 | www.facebook.com/metronom | **Öffnungszeiten** täglich ab 20 Uhr | **ÖPNV** Bahn 12, 15, 16, 18, Haltestelle Barbarossaplatz | **Sonstiges** Kleine Speisen

70_Moselstübchen

Frühschoppen statt Frühstange

In der Nachkriegszeit wurde in den Kölner Kneipen noch weitaus mehr Wein getrunken als heutzutage. Es existierten regelrechte »Weinstuben«, die ganz auf Rebensaft setzten. Nicht umsonst spricht man auch heute noch vom »Frühschoppen« und nicht von der »Frühstange«. Auf diese Tradition setzte auch Josef Jüngeln, als er Ende der 1950er Jahre das Moselstübchen gründete. Die Basis für seine Neueröffnung in Ehrenfeld hätte nicht besser sein können: Der Mann kam aus Kröv an der Mosel, sein Bruder war Winzer und damit erster Lieferant des Hauses.

Die Urzelle des Moselstübchens muss man sich winzig vorstellen. Sie umfasste lediglich den vorderen Bereich des heutigen Lokals an der Landmannstraße. Hier saß man zwar nicht wie bei vielen Weinstuben in alten Fässern, aber dafür zwischen Trennwänden mit Weinmotiven. 1988 dann übernahm Vera Hecker das Lokal. Die erfahrene Gastronomin hatte zuvor bereits das »Haus Reissdorf« (ab 1979) und bald darauf den »Dreschvrengel« am Lenauplatz (heute »Wicleff«) geführt, bevor sie in die Landmannstraße wechselte. Über zwanzig Jahre stand sie hinter der kleinen Theke, auf der inzwischen das Kölsch die Oberhand gewonnen hatte.

Aber auch heute noch wird im Moselstübchen mehr Wein als anderswo getrunken, und einige Sorten kommen sogar noch aus Kröv und vom Sohn des alten Jüngeln. Verschwunden ist hingegen seit der Kernsanierung im Jahr 2000 der mächtige Kachelofen im Eingangsbereich. Damals wurde das Moselstübchen auch nach hinten raus erweitert und bekam eine neue Küche. 2009 verschwanden dann auch die alten Butzenscheiben, auf dass Klarglas für mehr Transparenz sorge. Dank der liberaleren Biergartenpolitik der städtischen Verwaltung darf man sommers inzwischen sogar vor dem Moselstübchen sitzen. Dies ist umso erfreulicher, als die Landmannstraße noch für ein echtes, intaktes Veedel steht.

Adresse Landmannstraße 3, Ehrenfeld | **Tel.** 0221/550 60 84 | www.moselstübchen.de | **Öffnungszeiten** Di–So ab 17 Uhr und zu FC-Spielen | **ÖPNV** Bahn 5, 13, Haltestelle Subbelrather Straße/Gürtel | **Sonstiges** Gutbürgerliche Küche, Biergarten

71_Op d'r Eck

Ein Panzer im Biergarten

Der kleine Ort Langel schmiegt sich an den Rhein, die Aue dort steht unter Naturschutz. Eine Fähre führt hinüber nach Leverkusen-Hitdorf und sorgt für ein bisschen Betrieb auf den Straßen, während der Hochwasserdeich von Radfahrern und Skatern bevölkert wird. Sehr dörflich geht es in Langel zu, und dazu passend findet man hier auch eine echte Dorfschänke. Erich Malburg, der das Op d'r Eck in fünfter Generation betreibt, kann sich noch an die Zeiten des Stangeneis erinnern. Bis in die späten 1950er Jahre hinein kam regelmäßig der Eismann und brachte neues Kühlmittel. Die großen Eisbohlen mussten mit der Pickhacke zerkleinert werden, bevor man sie in die eisenbeschlagenen Truhen füllte, in denen die Bierflaschen standen.

Das dunkelbraune Backsteinhaus hinterm Deich stammt aus dem Jahr 1875. Viele Jahrzehnte lang bestand das Lokal im Erdgeschoss aus lediglich einem Raum – wohnzimmerähnlich und von einem Kohleofen beheizt. Im Zweiten Weltkrieg wäre es beinahe aus gewesen mit dem »Rheinischen Hof«, wie das Lokal damals noch hieß. Wo sich heute das große Biergartenzelt befindet, stand einst ein amerikanischer Panzer. Als er in Gefechte verwickelt wurde, fiel auch das Haus in sich zusammen. Aber Trümmersteine kann man vom Mörtel befreien und wiederverwenden. Maria Malburg, deren Mann früh gestorben war, ließ das Gebäude wieder hochziehen und eröffnete die Wirtschaft 1949 unter dem neuen Namen.

Noch heute sieht man dem lang gestreckten Saal hinter dem Schankraum an, dass sich dort früher eine Kegelbahn befand. 1986 stand der Plan im Raum, das Haus endgültig abzureißen und einen Neubau an seine Stelle zu setzen. Weil der Stadtkonservator es jedoch unter Denkmalschutz stellte, wurde es stattdessen aufwendig restauriert. Und wer hier sein Bier trinkt, zum Beispiel nach einer Fahrradtour am Rhein, der wird sagen: Gut so!

Adresse Cohnenhofstraße 106, Langel | **Tel.** 0221/708 75 63 | www.erichmalburg.de | **Öffnungszeiten** Mo–Di u. Do–Sa ab 15, So ab 11 Uhr | **ÖPNV** Bahn 12 bis Haltestelle Merkenich, dann Bus 121 bis Haltestelle Langel/Fähre | **Sonstiges** Gutbürgerliche Küche, Biergarten

72 Päffgen

Kölns älteste Hausbrauerei

Das ehemalige »Rubens-Haus« in der Sternengasse, wo heute ein schnödes Telekomgebäude steht, hat viele bekannte Gesichter gesehen. Den berühmten Maler natürlich, aber auch die nach Köln emigrierte und im Rubens-Haus gestorbene französische Königin Maria von Medici. 1883, lange bevor hier das Hänneschen-Theater seine erste Spielstätte fand, übernahm Hermann Päffgen das seit 1867 als Brauerei geführte Haus.

Bereits ein Jahr später jedoch zog er wieder aus. An der Friesenstraße hatte er eine geräumige Halle für sich entdeckt, die zuvor ein Fuhrunternehmen beherbergte. Die alte Wehrmauer war gerade abgerissen worden, die Stadt atmete frische Luft, und alles war im Aufbruch. Der morgendliche Brauer fungierte des Abends zugleich als Zappes und Köbes, er gehörte praktisch zur Familie des Inhabers. Und weil die neue Brauerei damals noch über keinen gesonderten Zufahrtsweg verfügte, ratterten die Hopfen- und Malz-Fuhrwerke mitten durch die Schwemme. Bis 1955 ging das so, die Wandtischchen in der Schänke waren zur Verbreiterung des Raumes hochklappbar.

Heutzutage ist Päffgen die älteste Kölner Hausbrauerei, und wie eh und je liegt hier alles unter einem Dach: Während hintendurch gebraut wird, geht im Vorderhaus Bier über die Theke. Weder beteiligt man sich am Lohnsudverfahren, noch findet man Päffgen als Flaschenbier. Die auf das Stammhaus beschränkte Produktion erlaubt nur ganz wenige Ausnahmen – so werden etwa das Lommerzheim in Deutz, das Bierhaus en d'r Salzgass und das Päff am Friesenwall ebenfalls mit Päffgen Kölsch versorgt.

Vielen Kölnern gilt der rückwärtige Biergarten des Päffgen als einer der heimeligsten in der ganzen Stadt. Und sicherlich sitzt man hier unter den wohl ältesten Schattenspendern Kölns: Die beiden mächtigen Kastanien stammen aus dem Gründungsjahr 1884 und wurden von Hermann Päffgen damals eigenhändig gepflanzt.

Adresse Friesenstraße 64, Friesenviertel | **Tel.** 0221/13 54 61 | www.paeffgen-koelsch.de | **Öffnungszeiten** Di–So ab 12 Uhr | **ÖPNV** Bahn 3, 4, 5, 12, 15, Haltestelle Friesenplatz | **Sonstiges** Brauhausküche, Biergarten

73 Papa Madeo

Als Vinyl noch die Welt regierte

Die Westhovener Oberstraße führt direkt an den Rhein, rechts und links von ihr liegen diverse kleine Häuschen aus alter Zeit. Eines davon ist auffällig rosa gestrichen und untenrum länglich-schwarz verklinkert. Irgendwann einmal gelangte man hier in eine kölsche Metzgerei, davon zeugt noch der abgewetzte Hackklotz im Innern. Was sich in den 1970ern Jahren änderte, erklärt das grobkörnige Schwarz-Weiß-Foto im Schaufenster. Dominiert wird es von Harry Schmidts Vollbart und den langen Haaren von Thomas Senske. Letzterem gehörte anno dazumal auch die auf Easy Rider gebürstete Harley im Vordergrund – tief sitzen, hoch greifen eben. Der Mann auf dem Foto im Foto wiederum führt zum Gründer des Lokals. Das ist nämlich Papa Madeo, also Vater Amadeus, dessen Sohn Roberto hier 1976 eine bürgerliche Kneipe in eine Studentenpinte verwandelte. Ab 1980, damals 18 Jahre alt, stand auch Thomas Senske hinter den Zapfhähnen, aus denen – ganz nebenbei – schon immer auch Fassguinness floss. Vier weitere Jahre später übernahmen die beiden Kumpels Thomas und Harry den Laden von Roberto und verfolgten dabei einen ehrgeizigen Plan: hier so wenig wie möglich, also am besten: gar nichts, zu verändern.

Über 30 Jahre blieben sie am Ruder, bevor nach einigen Wirren 2021 eine Gruppe von Stammgästen das Lokal übernahm. Das Papa Madeo wirkt heutzutage wie ein gastronomisches Fossil aus einer Zeit, da Vinyl die Welt regierte, Alko-Pops noch Asbach-Cola hießen und Rauchverbote sich auf OP-Säle beschränkten. Mit viel Holz, den unter die Decke geklebten Plakaten und nicht zu vergessen der kunstledergepolsterten Theke wurde hier ein Innendekor konserviert, das in Köln seinesgleichen sucht. Sechs Tage die Woche geöffnet, regelmäßige Jam-Sessions und Blues-/Folk-/Rockkonzerte, bei denen der Laden fast auseinanderbricht: Papa Madeo, soviel ist sicher, wäre stolz auf seine Kneipe.

Adresse Oberstraße 21, Westhoven | **Tel.** 0175/413 97 75 | **Öffnungszeiten** Di–So ab 19 Uhr | **ÖPNV** Bahn 7 bis Haltestelle Ensen/Gilgaustraße | **Sonstiges** Das kulinarische Programm ist klein, aber fein.

74_Peters Brauhaus

Im Kranz geht wieder der Kranz um

Die Peters Brauerei unterliegt manchem Vorurteil. Sie stamme aus Leverkusen, wahlweise aus Düsseldorf, behaupten manche. Stimmt aber nicht: Monheim ist eine selbstständige Stadt, die lediglich geografisch zwischen den beiden genannten Kölner Konkurrenten liegt. Und Peters sei, wie Küppers, ein Kopfschmerzkölsch, aber auch das ist falsch: Es gibt kein schlechtes Kölsch, es gibt nur schlechte Leitungen. Richtig ist hingegen: Sämtliche Biere der Brauerei trugen in der Vergangenheit den Vorsatz »Monheimer«. Aber weil Kölsch aus Köln zu kommen hat, gibt es in der Domstadt kein Monheimer, sondern nur Peters Kölsch.

Im lang gestreckten Brügelmannhaus an der Mühlengasse ist die Brauerei erst seit 1994 beheimatet. Aber schon vor rund fünfhundert Jahren stand an diesem historisch bedeutsamen Ort, der Markt und Hafen miteinander verband, ein Brauhaus. »Zum Kranz« hieß es, so genannt in einer Biersteuer-Urkunde des Jahres 1544. Dass man hier in der Lage war, Abgaben zu zahlen, spricht für den Wohlstand der Brauerfamilie. 1898 jedoch musste die traditionelle Hausbrauerei einem Profiteur der aufkommenden Industrialisierung weichen. Die Baumwollspinnerei Brügelmann kaufte das gesamte Gelände auf, ihr Besitz reichte nun von der Mühlen- bis zur parallel verlaufenden Neugasse. 1907 wurde dann jenes repräsentative Gebäude errichtet, dessen Fassade man heute noch sieht. Sie allein hatte, stark ramponiert, den Zweiten Weltkrieg überstanden.

Aber wie die gesamte Altstadt, so wuchs auch das Brügelmannhaus neu aus den Trümmern. Mit der Baumwollverarbeitung war es allerdings vorbei: Der Komplex wurde zur Wohnanlage, in deren Parterre bis 1994 ein Gourmetrestaurant residierte: das »Chez Alex«. Mit der Monheimer Übernahme jedoch kehrt dieser Ort zu seinen Wurzeln zurück, im Kranz geht wieder der Kranz rum.

Adresse Mühlengasse 1, Altstadt | **Tel.** 0221/257 39 50 | www.peters-brauhaus.de | **Öffnungszeiten** täglich ab 11.30 Uhr | **ÖPNV** Bahn 1, 7, 9, Haltestelle Heumarkt | **Sonstiges** Brauhausküche, Außengastronomie

75 Der Pohlhof

Alte Scheune, junge Gastronomie

Ein uralter Hof und eine piepjunge Kneipe – wie passt das zusammen?

Die Geschichte dieser Gaststätte beginnt in Brauweiler. Dort nämlich wurde 1773 (andere Quellen sagen: erst 1920) jene alte Scheune abgerissen, in der man heute in Auweiler sein Bier trinkt. Stück für Stück hatte man die schweren Eichenpfeiler ein paar Kilometer weiter nach Nordosten befördert und dort wieder aufgebaut.

Ab 1867 ist hier dann ein kompletter Hof nachgewiesen, der zunächst den Grafen zu Paffendorf gehörte. 1910 jedoch ging er in den Besitz von Conrad und Christine Lüpschen über. Conrad, eines von sechzehn Kindern, stammte aus einer Bauernfamilie und widmete sich auch hier in Auweiler der Landwirtschaft. Sohn Josef betrieb ebenfalls Ackerbau, bis er 1964 verstarb. Seine Frau Cäcilie war es dann, die dem Anwesen den Namen Pohlhof gab – nach dem gegenüberliegenden Dorfanger, einer ehemaligen Sickergrube. »Pohl« bedeutet so viel wie »stehendes, unreines Wasser«.

Ab 1968 wurden die Ländereien des Pohlhofs verpachtet. Cäcilies Sohn Helmut übernahm im selben Jahr die Dorfschänke »Alt Auweiler« schräg rechts gegenüber. Sechs Jahre lang betrieb er dieses hübsche Lokal, das inzwischen leider leer steht. Als seine Kinder begannen, in der alten Scheune regelmäßig Partys auszurichten, setzte er dort eine selbst gezimmerte Theke hinein. Und als auch die Dorfvereine diesen großen Raum immer häufiger für Veranstaltungen nutzten, wurde eine Idee geboren: Warum nicht direkt eine Kneipe daraus machen?

Seit 1988 nun kann man im Pohlhof trinken und essen, inzwischen mit griechischem Schwerpunkt. Bevor man zur rückwärtigen Scheune gelangt, durchmisst man zunächst den Bier- und dann den Wintergarten. Kopfsteinpflaster, alte Gerätschaften und ein großer Pumpenschwengel: Auch ohne Landwirtschaft ist es hier sehr dörflich geblieben.

Adresse Pohlhofstraße 3, Auweiler | **Tel.** 0221/99 87 64 70 | www.pohlhof.de | **Öffnungszeiten** Mo u. Mi–Fr ab 17, Sa u. So 11.30–14.30 u. ab 17 Uhr | **ÖPNV** Bahn 3 bis Haltestelle Bocklemünd, dann Bus 126 bis Haltestelle Auweiler | **Sonstiges** Griechische Küche, Biergarten

76_Das Pöttgen

Ein Ostpreuße bei den Bonner Husaren

Johann Ehm war ein ostpreußischer Schmiedemeister, den es gegen Ende des 19. Jahrhunderts an den Rhein verschlug. In Bonn diente er den kaiserlichen Husaren als Hufschmied, bis ihn eines Tages ein Pferd übel erwischte. Ehm behielt einen steifen Finger zurück und wurde aus dem Militärdienst entlassen.

1902 erwarb er ein Grundstück in der Ehrenfelder Landmannstraße, auf dem zwei Jahre später ein Haus stand. Während Jean, wie er bald kölsch-französisch genannt werden sollte, eine private Schmiede betrieb, stand seine Frau Margarete hinterm Tresen der neu konzessionierten »Restauration Ehm« im Parterre. Nach dem Ersten Weltkrieg wurde das »Ehm« für kurze Zeit von den Engländern beschlagnahmt. Sie nutzten es als Militärkantine, als eine »Sergeant-Messe«, wie man familienintern sagte. Rechts vom Eingang hängen heute zwei historische Dokumente des Gründerpaares: Margeretes von OB Adenauer unterschriebene Ehrenurkunde für fünfundzwanzig Jahre in der Jugendwohlfahrt und ein Foto Jeans als Ehrenfelder Schützenkönig von 1921.

Jean starb 1940, danach führte seine Frau das Lokal bis in die 1950er Jahre hinein. Aus der unmittelbaren Nachkriegszeit stammt noch die sehr hübsche, sehr ornamentale Bleiglasfront zum rückwärtigen Biergarten hin. Ausgeschenkt wurde damals sogenannte »Hopfenblüte« – im besten Fall ein bierähnliches Mangelgetränk.

Die hier im Haus 1906 geborene Tochter (ebenfalls eine Margarete) hatte den Maschinenbau-Ingenieur Franz Pöttgen geheiratet, nach dem das »Ehm« dann auch benannt wurde. In der Wirtschaftswunderzeit spielten hier regelmäßig Tanzkapellen auf, die Bühne befand sich seinerzeit rechts der Theke. Sohn Franz-Josef, gelernter Koch und Hotelkaufmann, übernahm 1967 die Regie. Seit er den Stab 1996 weitergab, ist mit Wolfgang Pöttgen und seiner Frau Andrea bereits die vierte Generation an der Reihe. Eine stolze Tradition!

Adresse Landmannstraße 19, Ehrenfeld | Tel. 0221/55 52 46 | www.restaurant-poettgen.de | Öffnungszeiten Di–So 11.30–14.30 u. 17.30–24 Uhr | ÖPNV Bahn 5, 13, Haltestelle Subbelrather Straße/Gürtel | Sonstiges Gutbürgerliche Küche, Biergarten

77_Die Quetsch

Köbesse mit schwarzen Füßen

Die Terrasse dieses Rodenkirchener Brauhauses offeriert ein kaum zu überbietendes Flusspanorama. Links die edel-schlichte Rodenkirchener Brücke und das Bootshaus »Alte Liebe«, gegenüber die Westhovener Aue und gen Süden hin der elegante Schwung des sich anbahnenden Weißer Rheinbogens.

Es waren Jean und Elisabeth Reuscher, die das Lokal im Jahr 1909 zunächst pachteten und bald darauf kauften. Die »Schöne Aussicht«, wie sie damals noch hieß, gehörte neben den verschwundenen »Rhein-Terrassen« und dem »Rhein-Pavillon« zu den beliebten Ausflugszielen der innerstädtischen Bevölkerung. 1938 übernahm mit Peter und Gertrud Reuscher die zweite Generation die Regie, musste allerdings zum Kriegsende hin die totale Zerstörung der »Schönen Aussicht« verkraften. Zusammen mit der Rodenkirchener Brücke blieb von ihr nichts als ein Haufen Trümmer. Über den Neuanfang 1950 schrieb der Kölner Bilderbogen in einem Text zum hundertsten Geburtstag: »Die Terrasse war jetzt offen, drei Birnen sorgten abends für Beleuchtung. Der Boden war mit schwarzer Schlacke gedeckt, etwas anderes gab es nicht, und die Bedienungen (…) hatten abends schwarze Füße.« Frühe Stammgäste waren nicht zuletzt die Mitarbeiter des Rodenkirchener Gemeindeamtes, das damals noch schräg gegenüberlag.

Als Peter Reuscher 1962 starb, führte seine Frau das Lokal zusammen mit Sohn Hans-Peter und dessen Frau Heidi weiter. Gertrud Reuscher, von allen nur die »Mutter« genannt, überlebte auch ihren Sohn, der 1987 verstarb. Als auch sie das Zeitliche segnete, entschloss sich der Rest der Familie dazu, die »Schöne Aussicht« fortan zu verpachten. Der 1997 eingeführte Name Quetsch erinnert natürlich an den kölschen Quetschebüggel (Akkordeon), setzt sich jedoch aus den einstigen Betreiber-/Koch-Namen Quebe und Schneider zusammen. Das »t« muss man sich allerdings hinzudenken.

Adresse Hauptstraße 7, Rodenkirchen | Tel. 0221/39 23 76 | www.brauhaus-quetsch.de | Öffnungszeiten täglich ab 11.30 Uhr | ÖPNV Bahn 16, Haltestelle Heinrich-Lübke-Ufer | Sonstiges Brauhausküche, Biergarten

78 Refugium

Guinness, Darts und Billard

Ein Refugium ist ein Zufluchtsort, ein Platz, an dem man seine Ruhe hat. Auf die gleichnamige Gaststätte in Zollstock trifft die Beschreibung in vollem Umfang zu: Wer einmal durch diese westernhafte Schwingtür getreten ist, der versteht, warum Kneipen zuweilen mit pränatalen Höhlen oder dem Bauch des Wales verglichen werden. Einfach hinsetzen und den Rest der Welt außen vor lassen.

Ein Wirtshaus befindet sich hier seit der Erbauung des Gebäudes im Jahr 1906. Seinerzeit standen hier die Eheleute Klose hinter dem Tresen. Ältere Zollstocker erinnern sich auch noch an die Nachkriegsjahrzehnte, als sich hier zwischen 1950 und 1970 ein stadtbekanntes Tanzlokal etablierte. Angeblich kam man sogar von der anderen Rheinseite und aus dem Umland, um sonntagnachmittags hinten im Saal das Tanzbein zu schwingen. In den 1990ern bestand hier für zwei Jahre das »Muckefuck II«, dem die Beschwerden über die Live-Musik den Garaus machten. 1997 dann zogen Karl Scholten und Ulrich Schönfeld an die Herthastraße. Die beiden ehemaligen Studenten (der Meteorologie und Geografie) können auf ausgiebige Kneipierserfahrung zurückgreifen: Während Schönfeld unter anderem die »Agnes-Klause« betrieb, unterhielt Scholten, ehemals Kellner in »Mannis Rästorang«, die »Distel« an der Ecke Hansaring und Von-Werth-Straße. Bedenkt man diese Traditionslinien der beiden vollbärtigen Wirte, so kann man sich bereits ein Bild vom Refugium machen. Hier gibt es Billard, Darts und Guinness vom Fass, aber keinen Karneval. Noch aus den 1950ern stammt wahrscheinlich die stirnhohe Wandvertäfelung, während sämtliche anderen Freiflächen inklusive der Decken mit den Jahren mit museal anmutenden Deko-Objekten zuwuchsen. Besonders originell: die durch den gesamten Hinterthekenbereich verlaufende Kabelblende in Form einer internationalen Bierdeckelsammlung.

Adresse Herthastraße 1, Zollstock | **Tel.** 0221/936 28 20 | **Öffnungszeiten** täglich ab 15.30 Uhr | **ÖPNV** Bahn 12, Haltestelle Herthastraße | **Sonstiges** Außengastronomie

79 Restauration Thomas

Ein englisch-kölscher Glücksgriff

Es war einmal ein Engländer namens Lambert Thomas, den es im Jahr 1846 aus irgendeinem Grund nach Köln verschlagen hatte. Genauer weiß man hingegen, was daraus folgte: Er lernte ein kölsches Mädchen kennen, das bald darauf schwanger wurde und ein Grundstück mit in die Ehe einbrachte. Auf diesem entstand, kurz vor der Bickendorfer Rochuskirche, die Restauration Haus Thomas. Und springen wir nun rund 165 Jahre weiter, stehen wir in einer Kneipe, die einen wundersamen Charme versprüht. Die Einrichtung aus den 1950er Jahren wirkt ganz so, als sei der Opa gerade nach dem letzten Grand Hand vom Frühschoppenskat nach Hause gelatscht. – Großartig!

Zu verdanken hat Köln dieses Monument der Kneipenkultur vor allem Gustav »Jussi« Pesch, eines von acht Kindern, deren Mutter eine geborene Thomas ist. Jussi hatte eine Kaufmannslehre absolviert und stand 1974, als Achtzehnjähriger, vor dem Sprung zu den Fortuna-Köln-Profis. Als daraus nichts wurde, half er mal eben in der elterlichen Kneipe aus. Dort schien es ihm zu gefallen, denn dort blieb er. Bis heute.

Ebenfalls auf die 1970er geht der Bau der benachbarten Montessori-Schule zurück. An sich einigen hehren Bildungsidealen verpflichtet, hatten auch diese Eleven ihre gastronomischen Erfahrungen zu machen. Und deshalb verbrachte man seine Freistunden beim Jussi, wo man über die Theke ein mit Schokolade belegtes Brötchen bekam und hintenrum das Kölsch zum Runterspülen.

Man findet in Köln nicht viele Gaststätten, die in fünfter Generation von derselben Familie geführt werden. Ab 1950, also nach dem Wiederaufbau, hieß die Restauration Thomas für über fünfzig Jahre »Rochusschänke«. Zum achtzigsten Geburtstag der Mutter jedoch bestellte der Wirt eine neue Leuchtreklame und kehrte zum tradierten Namen zurück. Seine Gäste waren zunächst irritiert, und die Mutter? – Der war's egal.

Adresse Rochusstraße 106, Bickendorf | Tel. 0221/530 18 30 | Öffnungszeiten Mo–Sa ab 18 Uhr | ÖPNV Bahn 3, 4, Haltestelle Äußere Kanalstraße | Sonstiges Kleine Speisen

80_Die Schmitzebud

Radlertreff seit 1920

Eine Bürgerinitiative zur Rettung eines Büdchens? – So etwas gibt es wahrscheinlich nur in Köln. Dort nämlich gründete sich 2008 tatsächlich ein solcher Verein: »Rettet die Schmitzebud«. Der Hintergrund: Marita Wimmer, Chefin des Kiosks ab 1982, hatte Ende 2007 aus gesundheitlichen Gründen die Segel gestrichen. Als sich für das in die Tage gekommene Verkaufshäuschen kein neuer Pächter finden ließ, drohte es zu verrotten. Und in diesem Moment schlug die Stunde der engagierten Kölner Radfahrer-Gemeinde.

Schon 1898, als die Stadtbahn den Königsforst erreichte, stand hier ein Büdchen. In den 1920er Jahren, so liest man, begann dieses ein beliebter Treff für Radfahrer zu werden. Von hier startete man die Touren durch das Bergische Land, und genau so hält man es auch heute noch (siehe www.schmitzebud-koeln.de).

Seinen kölschen Namen hat der Kiosk von den Nachkriegsbetreibern, der Familie Schmitz. Griffig, wie er ist, behielten ihn sämtliche Nachfolger bei, auch nach dem Neubau des Häuschens 1986. Und weil die Initiative der Radsportfreunde breite Unterstützung in der Kommunalpolitik fand, konnte die komplett renovierte Schmitzebud im September 2009 wieder eröffnet werden.

Sofort ins Auge fällt seit 2010 die Gestaltung der dem Mauspfad zugeneigten Westseite des Büdchens. Der Bergisch Gladbacher Künstler Dirk »Rufus« Werner bemalte sie mit bunten Fahrradmotiven, kombiniert mit Bildern aus der Historie des Ortes. Der Sieger der dargestellten Zieleinfahrt erinnert an den erfolgreichen Kölner Profi Marcel Wüst, der sein Porträt auch persönlich signierte. Die Pächter der Schmitzebud haben seither häufig gewechselt, ohne den Laden wesentlich zu verändern. Noch immer bekommt man hier kleine Gerichte und vor allem einen guten Kaffee nach langer Tour. Und auch für radelnde Pechvögel ist gesorgt, denn vor der Schmitzebud steht seit März 2010 ein azurblauer Schlauchomat.

Adresse Rather Mauspfad 2, Rath-Heumar | **Tel.** 0221/89 99 34 55 | www.schmitzebud-koeln.de | **Öffnungszeiten** Di–So ab 11 Uhr | **ÖPNV** Bahn 9, Haltestelle Königsforst | **Sonstiges** Kleine Speisen, Außengastronomie

81 Die Schreckenskammer

Scheuersand und Knochensammlung

Zur Herkunft des ungewöhnlichen Namens existieren mehrere Theorien. Die beiden ersten hängen damit zusammen, dass die Schreckenskammer ursprünglich in der Johannisstraße 42 lag. Hier also hätten zum Tode Verurteilte auf dem Weg zur Hinrichtungsstätte Weckschnapp ihre letzte Mahlzeit erhalten. Wie auf dem Teller nur Knochen zurückblieben, so würde es auch ganz bald jenen armen Menschen gehen. Weil aber gegenüber dem Brauhaus seinerzeit die Lehranstalt der Fränkisch-Märkischen Eisenbahn lag, könnte es auch so gewesen sein: Die Anstalt war zu klein, anstehende Prüfungen mussten im Brauhaus stattfinden, das so zu einem Ort des Schreckens für alle Probanden wurde. Definitiv falsch ist jedenfalls die eigentlich naheliegende Vermutung, der Name erinnere an die gegenüberliegende Knochenkammer von St. Ursula.

In der Schreckenskammer weht Geschichte, so viel dürfte klar sein. Erstmals erwähnt wird das Gebäude in einer Urkunde von 1442. Fünfundvierzig Jahre später führt es eine zeitgenössische Steuerliste bereits als Brauhaus. In den folgenden Jahrhunderten firmierte es zunächst unter dem Namen »Zum Mailaen« (laut Homepage des Hauses eine Falkenart), um dann ab den 1650er Jahren lange »Zum Marienbildchen« zu heißen.

Schon seit November 1933 ist die Restauration mit angeschlossener Brauerei im Besitz der Familie Wirtz. Ein Neubau von 1912 fiel 1943 den Bomben zum Opfer. Cornelius und seine Frau Maria feierten im Sommer 1960 die Wiedereröffnung, das Lokal wurde von Neuem zum Nachbarschaftszentrum. Wenn die Zapfhähne hier – stets recht zeitig – schließen, wird der alte Dielenboden gepflegt. Früher war er mit Sägemehl bedeckt, das ist jedoch aus Brandschutzgründen inzwischen verboten. Deshalb hat man sich in der Schreckenskammer auf Sand verlegt. Auch dieses Material bindet Dreck und Feuchtigkeit gleichermaßen und lässt sich zudem bequem zusammenkehren.

Adresse Ursulagartenstraße 11, Eigelsteinviertel | **Tel.** 0221/13 25 81 | www.schreckenskammer.com | **Öffnungszeiten** Di–Do ab 16.30, Fr u. Sa 11–14 u. ab 16.30 Uhr | **ÖPNV** Bahn 5, 16, 18, Haltestelle Dom/Hbf; Bahn 12, 15, Haltestelle Hansaring | **Sonstiges** Brauhausküche, Außengastronomie

82 Das Schwalbennest

Nestwärme am Königsforst

Maria Soppelsa war als junges Mädchen aus einem kleinen Ort bei Kassel an den Rhein gekommen, wo sie den gebürtigen Südtiroler Tino heiratete. 1940 waren sie drauf und dran, das Schwalbennest am Königsforst zu kaufen. Die Sünner-Brauerei kam ihnen zwar zuvor, aber sie wurden immerhin die Pächter des hübschen kleinen Ausflugslokals. Tino Soppelsa starb in den letzten Kriegstagen in einem Graben bei Tuttlingen. Maria hingegen führte das Schwalbennest bis 1969 und wurde zur »Oma Vieth«, wie sie nach ihrem zweiten Ehemann hieß. Zwei Jahre später, mit gerade einmal einundsechzig Lenzen, starb auch sie. Ihr Sohn Horst Soppelsa, hier im Haus geboren, hatte Vera, eine Kneipierstochter aus Horrem, geehelicht. Die Stammkundschaft sprach von ihm nur als dem »Papst«: ein guter Zuhörer, loyal, verschwiegen und extrem korrekt.

Das Schwalbennest entwickelte sich in dieser Zeit zu einem beliebten Treff nicht nur für Spaziergänger, sondern auch für so manche Kölner Prominentenrunde. Zugute kam dem Lokal seine große Freiterrasse mit direkter Wald- und KVB-Anbindung. Kölsches Leben dokumentiert bis heute die sehr aparte Wandbemalung: In zahlreichen Bildern hat sich hier ein einstiger Stammgast verewigt. Zu sehen sind unter anderem lokale Originale wie der Maler Bock, Willy Millowitsch oder Gerhard Jussenhoven. Rechts in der Nische am Fenster findet man zudem die Wirtsleute Horst und Vera, die das Schwalbennest Anfang der 1990er an Tochter Marita, verheiratete Gummersbach, übergaben. Mit ihr endete dann auch die Familientradition. Das Schwalbennest sah inzwischen wechselnde Wirte, blieb aber unverändert. Wer hier den Putz abkratzte, stieße noch immer auf 110-jähriges Fachwerk. Und wer vor Freude in die Luft hüpfte, stieße sich noch immer den Kopf an den alten Deckenbalken, mit anderen Worten: Das Schwalbennest verströmt echte Nestwärme.

Adresse Rösrather Straße 760, Rath-Heumar | Tel. 0221/86 11 89 | www.schwalbennest-am-koenigsforst.de | Öffnungszeiten täglich ab 11 Uhr | ÖPNV Bahn 9, Haltestelle Königsforst | Sonstiges Gutbürgerliche Küche, großer Biergarten

83__Sion-Bräues

Ein »Antik-Brauhaus« an der Deutzer Freiheit

Rechts und links der Deutzer Freiheit gab es einst Dutzende von Kneipen. Bis heute übrig geblieben sind davon nur wenige, darunter der Sion-Bräues auf der Ecke zur Düppelstraße. Aber auch die Geschichte dieser Gaststätte war manchem großen und kleinen Wandel unterworfen. Wie das Haus stammt die Gastronomie im Erdgeschoss aus dem Jahr 1903. Damals trug diese Kneipe den ausgesprochen charmanten und früher recht häufigen Namen »Zur Erholung«. Und sie war zweigeteilt: Rechts, im heutigen Gastraum, konnte an Tischen gespeist werden. Links vom Eingang hingegen, wo heute die Küche liegt, betrat man die den reinen Trinkern vorbehaltene Schänke. In der ersten Sitzecke hinter dem Tresen hängt noch eine historische Aufnahme aus dem Jahr 1920, die jene Zeit dokumentiert.

Das kriegszerstörte Haus gelangte 1956 in den Besitz der Aachener Familie Defourny, die das Lokal bis in die 1960er leitete. »Zum Schlüssel« soll es zu jener Zeit geheißen haben, und die Defournys führten diesen Schlüssel als reine Speisegaststätte. Dies bereitete dann wohl auch den Weg zur nächsten Mutation, als aus der ehemaligen »Erholung« ein Wienerwald wurde. Nachdem der dann das letzte Hähnchen vom Spieß genommen hatte, begann die Ära der Neffs.

Elsbeth Neff und ihr Mann Theo hatten zuvor einen Siegburger Campingplatz bewirtet. Theo war gelernter Koch und zudem ein überaus schwerer Mann. Seine Portionen, so erzählt man sich, waren stets so bemessen, dass auch er selbst davon satt geworden wäre. Ein Vierteljahrhundert blieb »dat Elsbeth« ihrem Laden treu, bevor sie 2007 den Dienst quittierte. Inzwischen hat der Sion-Bräues sich einen Zweitnamen zugelegt: Antik-Brauhaus. Und der ist Programm: Mit Hilfe von ausgedienten Musikinstrumenten, Spielzeug und Büro-Utensilien wurde dem Laden ein neues, attraktives Kleid verpasst.

Adresse Deutzer Freiheit 85–87, Deutz | **Tel.** 0221/81 69 47 | www.antik-brauhaus.de | **Öffnungszeiten** Di–Do ab 16, Fr–So ab 15 Uhr | **ÖPNV** Bahn 1, 7, 9, Haltestelle Deutzer Freiheit | **Sonstiges** Regionale Küche mit saisonalen Aktionen

84 Sonic Ballroom

Für Freunde der forcierten Gitarrenmusik

Die Geschichte des Sonic Ballroom beginnt wie die von vielen Szenekneipen: Als ganz »unszenige« Eckkneipe, die zuletzt ein griechisches Restaurant beherbergte. Im Juli 1999 mutierte der ehemalige »Jägerhof« dann zu einem Schuppen, aus dem die alten Gäste wahrscheinlich schreiend geflohen wären. Punk- und Hardcorebands zu booken, war nicht die Idee der ersten Stunde. Aber schon im Dezember 1999 fand hier das Premierenkonzert statt. Die Kölner Rocker von Dumbell spielten damals noch ebenerdig, die Bühne wurde erst 2004 eingebaut.

Die kritischste Phase erlebte der Sonic über die Jahreswende 2002/2003. Ein Hausbewohner mokierte sich über die dauernden Konzerte und den Lautstärkepegel der Gäste. Hinzu kam, dass der Sonic seinerzeit nicht über die entsprechende Konzession verfügte. Deshalb rückte im Dezember das Ordnungsamt an, das die französische Band Gasolheads zwang, ohne einen einzigen Akkord wieder abzureisen. Per Urteil des Verwaltungsgerichts wurde das Lokal im Mai 2003 geschlossen – selbst Proteste gegen die »Zerstörung der Kölner Subkultur« samt einer Demo der Stammgäste quer durch Ehrenfeld konnten daran nichts ändern. Dass sich die Pforten wieder öffneten, verdankt sich der ganz unpunkigen ökonomischen Vernunft der Betreiber. Unter anderem wurde ein erstaunlich effektiver Schallschutz installiert.

Heutzutage treffen sich im Sonic Ballroom die Freunde der forcierten Gitarrenmusik. Während die Theke noch an den alten Jägerhof erinnert, ist das Ambiente nun laut, wild, düster, super. Hier trinkt man Flaschenbier und Kettenfett, einen schwarzen Sud, der über die Hamburger Punkband »Schrottgrenze« seinen Weg nach Köln fand. Ein Schrottplatz wiederum lag am Ort des heutigen, sehr urbanen Biergartens. Kurzum: Der Sonic (die Inhaber sagen lieber: »der Ballroom«) ist nicht nur authentisch schön, sondern wichtig! Denn solche Läden gibt es kaum noch.

Adresse Oskar-Jäger Straße 190, Ehrenfeld | www.sonic-ballroom.de | **Öffnungszeiten** bei Konzerten ab 20 Uhr | **ÖPNV** Bahn 3, 4, 13, Haltestelle Venloer Straße/Gürtel | **Sonstiges** Live-Konzerte, Biergarten, Tischtennis

85 Stammheimer Treff

Vom Winde verweht

Zentralkölner kennen Stammheim wegen seines schicken Skulpturenparks am ehemaligen Schlösschen. Oder sie erinnern sich, weniger charmant, an die städtische Kläranlage dort. In seinem Zentrum jedoch ist der über tausend Jahre alte Stadtteil ein Dorf geblieben, das sich, eingekeilt zwischen Leverkusen und der Domstadt, seine Eigenständigkeit bewahrt hat. Ein Beleg dafür ist das rege Kneipenleben, lange repräsentiert durch die alteingesessene Stammheimerin Ingrid Fuchs. Eigentlich hatte sie anno 1991 nur den Zweijahresvertrag ihres Vaters erfüllen wollen, aber dann blieb sie für viele weitere Jahre die Wirtin.

Bei der Namensgebung orientierte sie sich konsequent an ihrem Vorgänger: Aus »Beim Hein« wurde »Beim Ingrid«.

Geändert hat sich seit Ingrids Tod der Name: Stammheimer Treff heißt die Veedelskneipe nun. Mit ihrer geduckten Decke und dem dunkelbraunen Thekenensemble verströmt sie die Atmosphäre vergangener Jahrzehnte. Hier sitzt man, als seien Onkel Peter und seine Appolonia gerade nach Hause gegangen, um auf dem Heimweg ein bisschen zu knutschen.

Das Sälchen hinter der Kneipe diente dem Veedel schon auf so manche Art: Hier residierte mal eine Bücherei, mal ein Billardclub, und hier tauschten sich die Taubenzüchter aus, deren Schläge praktischerweise direkt dahinter im Hof lagen. Noch früher jedoch fand man dort ein kleines Vorstadtkino. Ältere Stammheimer erinnern sich an cineastische Winterabende, zu denen ein Brikett mitbringen musste, wer Einlass finden wollte. Eine Zeitlang nutzten die Tellschützen mit ihren Pfeilen und Bögen das ausgediente Filmhaus als Trainingshalle. Nach langem Leerstand wurde das Kinogebäude dann irgendwann in den 1980ern abgerissen. An der Front jedoch, rechts vom Treff , hing noch viele Jahre ein Filmplakat mit einem ebenso legendären wie in diesem Fall symbolischen Titel: Vom Winde verweht.

Adresse Gisbertstraße 83, Stammheim | **Tel.** 0221/611 03 011 | **Öffnungszeiten** Mo–So ab 9.30 Uhr | **ÖPNV** Bus 155, Haltestelle Gisbertstraße | **Sonstiges** Sälchen, kleine Speisen

86_Stüsser

Farbtinktur und Zuckercouleur

In einer bis zur Decke reichenden Vitrine dokumentiert der Stüsser seine Vergangenheit als Schnapsbrennerei. Dutzende alter Fläschchen enthielten einst geheimnisvolle Ingredienzien wie etwa die »Halb-und-Halb-Likör-Essenz«, der »aetherische Öle« und »giftfreie Farben« beigemischt wurden. Gebrannt wurde jedoch ursprünglich im Keller, und ein Teil der Historie steckt eigentlich hinter dieser Vitrine. Denn dort in der Wand befand sich die kleine Durchreiche, zu der man vor dem Siegeszug der Bierflasche die Kinder schickte, um einen Siphon Frischgezapftes für daheim zu holen.

Fast hundert Jahre lang war das Lokal an der Ecke Neusser und Balthasarstraße als Familienbetrieb geführt worden. Peter Stüsser I. hatte es 1904 eröffnet, zwei Jahre nach der Fertigstellung der benachbarten Agneskirche, die dem Viertel ihren Namen gab. Den Wiederaufbau nach dem Zweiten Weltkrieg stemmten Stüssers gleichnamiger Sohn und dessen Frau Mathilde. Aus dieser wurde bald »de Mamm«, eine absolute Institution. Bis in die 1980er Jahre hinein sah man sie täglich auf ihrem Bänkchen neben dem Beichtstuhl sitzen. Und wenn irgendwo Ärger drohte, sorgte sie auch im hohen Alter noch mit ihrem Krückstock für Ruhe und Ordnung.

Nach wechselvollen Jahren geriet das Schiff ab 2007 ins Wanken. Wirtin und Hausbesitzer stritten bis aufs Blut um eine fragwürdige Bierbezugsklausel. Auf dem Höhepunkt des Zwistes wurde die Wirtin von einem eigens engagierten Sicherheitsdienst am Eintritt in ihr Lokal gehindert. Obendrein entfernte man die historische Theke des Brauhauses. Mit dem 31. Dezember 2008 kam das vorläufige Aus, die Stüsser-Gemeinde trauerte. Mehr als ein halbes Jahr zog ins Land, bevor sich ein neuer Pächter einfand. Ende gut, alles gut, jedenfalls für die Kundschaft. Das Veedel hat seine Wirtschaft zurück und der Stüsser eine neue Theke.

Adresse Neusser Straße 47, Agnesviertel | Tel. 0221/47 44 69 99 | www.brauhaus-stuesser.koeln | Öffnungszeiten täglich ab 12 Uhr | ÖPNV Bahn 5, 12, 15, 16, 18, Haltestelle Ebertplatz | Sonstiges Brauhausküche, Außengastronomie

87_Sünner im Walfisch

Heinrich von Krae und der Kirchen-Bräues

Wer im 15. Jahrhundert in den Biersteuerbüchern der Kölner Rentkammer erwähnt wurde, war kein kleiner Mann. Fünfundzwanzig Brauereien sind hier im Jahr 1476 aufgeführt, und eine davon gehörte zum Haus »Heinrich von Krae«. Dass diese Wirtschaft so erfolgreich wirtschaftete, lag nicht zuletzt an ihrer Lage: Die Salzgasse bildete in alter Zeit die Verbindungsstraße vom Heumarkt zum Hafen. Auch der Fischmarkt lag in unmittelbarer Nähe – und das Salz zur Konservierung der Ware bekam man eben hier. So kam man also am »Brauhaus zur Krähe« stets wegen wichtiger Geschäfte vorbei, oder man kehrte ein, um genau diese bei ein paar Bierchen abzuwickeln. Weil das Lokal im Schatten der mächtigen Kirche Groß St. Martin lag, trug es im Volksmund übrigens noch einen zweiten Namen: der »Kirchen-Bräues«.

1898 war zunächst einmal Schicht, das Traditionshaus schloss seine Pforten. Dass hier 1935 etwas Neues entstand, hängt mit der Stadtplanung der Nationalsozialisten zusammen. Denen erschien nämlich die Kölner Altstadt zu eng, und das gemischte Völkchen, das hier wohnte, gefiel ihnen ebenfalls nicht. Wie in einem Freilichtmuseum wurde deshalb das alte Haus Zum Walfisch in der Tipsgasse 2–4 Stein für Stein abgetragen und katalogisiert, um an der Ecke Salzgasse/Auf dem Rothenberg neu zu erstehen. Nach dem Zweiten Weltkrieg firmierte es zunächst unter dem Namen »Weinhaus im Walfisch«, bevor dann hier die Sünner-Brauerei einzog. Das schlanke Gebäude mit dem gestuften Giebel wurde aufgepäppelt und dient seit 1996 wieder als klassisches kölsches Brauhaus. Wer vor dem Eingang steht, hat vielleicht Spaß daran, die zwei kleinen Fehler zu suchen: Zum einen ist ein Wal kein Fisch, aber das wusste man im 17. Jahrhundert noch nicht. Und zum anderen wurde dieses Haus nicht 1626 errichtet, sondern erst drei Jahre später – die letzte Zahl steht auf dem Kopf.

Adresse Salzgasse 13, Altstadt | **Tel.** 0221/257 78 79 | www.walfisch.net | **Öffnungszeiten** Di–Fr ab 17, Sa ab 12 Uhr | **ÖPNV** Bahn 1, 7, 9, Haltestelle Heumarkt | **Sonstiges** Brauhausküche, kleine Außengastronomie

88 Der Sünner-Keller

Trinken unter Tage

Das Sünner-Gelände in Kalk wird auch Zechenbrauerei genannt, und dies mit gutem Grund. Ursprünglich nämlich hatte dort Kohle abgebaut werden sollen, aber dazu kam es nie. Als sich der Deutzer Bierbrauer Christian Sünner hier einkaufte, wusste er die tiefen Gewölbe zu nutzen. Weil die Temperaturen dort auch im Hochsommer konstant niedrig waren, konnte man unterirdisch das Eis einlagern, das man winters im Bergischen Land aus den Seen und Flüssen geschlagen und nach Kalk transportiert hatte. Auf diese Art hielten sich die Bierfässer bis in den Spätsommer kühl genug, um bekömmlich zu sein. Bald nach Christians Tod jedoch begann auch im Rechtsrheinischen eine neue Ära der Bierlagerung. Der Ingenieur Carl von Linde hatte – kurz gesagt – den Kühlschrank erfunden, und 1888 stiegen auch die Sünners auf diese neuartige und weitaus bequemere Technik um.

Die alte Unter-Tage-Welt geriet daraufhin in Vergessenheit. Über hundert Jahre lang dümpelte sie in zehn Metern Tiefe vor sich hin, bevor man wieder auf sie aufmerksam wurde. Oberirdisch war der Biergarten wiedereröffnet worden, und es dauerte nicht lang, da dachte man bei Sünner auch an eine überdachte Gastronomie auf dem Brauereigelände. Und das Naheliegende wurde Wirklichkeit: Man entstaubte die bis zu sieben Meter hohen Backsteingewölbe und schuf damit ein originelles, von historischer Patina veredeltes Kellerlokal. Am 23. April 2009, dem Tag des deutsches Bieres, feierte man hier die Auferstehung.

Dank vorsichtiger Sanierung blieben unter anderem die schweren Holztüren samt Beschlägen erhalten. Getafelt wird an langen Brauhaustischen oder umgenutzten Holzfässern, Bilder aus der Kalker und Firmengeschichte ergänzen das archaische Ambiente. Und dass das Kölsch hier auch wirklich frisch ist, braucht man niemandem ernsthaft zu erklären. Schließlich kommt es direkt von oben.

Adresse Kalker Hauptstraße 260, Kalk | Tel. 0221/98 55 74 00 | www.suenner-keller.de | Öffnungszeiten Mi–Fr ab 17, Sa u. So ab 12 Uhr, bei gutem Wetter ist statt des Kellers der Biergarten geöffnet | ÖPNV Bahn 1, 9, Haltestelle Kalk/Kapelle | Sonstiges Brauhausküche, Biergarten

89 Sürther Bootshaus

Flüssiges aufm Fluss

Das Sürther Bootshaus verdankt seine heutige Position einem Stellungswechsel. Ursprünglich lag hier jenes Boot, das später zur Alten Liebe in Rodenkirchen wurde. Stattdessen schleppte man dann in den 1940er Jahren ein Rodenkirchener Fährhaus zu diesem Sürther Anleger. Noch in den 50ern diente das Boot den Reedereien als Poststation: Von hier aus wurden die Schiffe per Megafon angerufen und mit Kleinbooten besucht, um die neuesten Frachtpläne an den Kapitän zu bringen. Bis in die 70er hinein existierte hier zudem eine Tankstelle für Sportboote, Anlass genug, um auch erste gastronomische Schritte zu wagen.

Damals soll viel gefeiert worden sein in Sürth auf dem Rhein. Das Terrain war überschaubar, hinter dem Schankraum ging es direkt in die Wohnung des Wirtes. Man erzählt sich von wilden Partys und sprechenden Papageien. Lautstärke war nie ein Problem, denn die meisten Uferhäuser existierten noch nicht. Und das hohe Gebäude mit den Flussbalkonen hieß noch Linde-Haus und stand als Fabrikbau abends leer. Das Flair dieser Zeit wurde lange konserviert im Sürther Bootshaus. Erst 2018 bot ein Besitzerwechsel den Anlass für eine Generalüberholung. Große Fenster, komplett neues Mobiliar und eine deutlich ambitioniertere Speisekarte haben das Ambiente verwandelt. Aber noch immer weht hier der Wind übers Weinglas und schaukeln die Tische im Rhythmus des Rheins. Hier reichen sich Neptun und Melusine die Hand, und der Blick von der Freiterrasse auf den Fluss und das östliche Ufer ist unbezahlbar.

Von Beginn an lag auch der kleine Hafen vor der Tür des Bootshauses. Dass hier zuweilen Wasserleichen hereintrieben und diese per Haken an Land gezogen wurden, um ein paar Mark dafür zu bekommen (von wem?), tja, das ist unbelegtes Seemannsgarn. Aber die in den Wellen dümpelnden, zum Teil an Oldtimer erinnernden Yachten komplettieren das Ensemble auf das Romantischste.

Adresse Sürther Leinpfad 10, Sürth | **Tel.** 02236/331 66 38 | www.suerther-bootshaus.de | **Öffnungszeiten** täglich ab 12 Uhr | **ÖPNV** Bahn 16 bis Bhf. Sürth, dann zu Fuß oder Bus 130, 131 bis Ernst-Volland-Straße | **Sonstiges** Kölsch-mediterrane Küche, schöne Außengastronomie

90_Thiebolds-Eck

»M'r stonn zo dir, FC Kölle!«

Kaum eine Wirtschaft kommt heutzutage ohne Fernseher aus. Die meisten verfügen sogar über Leinwand und Beamer, um jedes noch so unwichtige Fußballspiel in voller Länge zu übertragen. Fußball ist zum Event geworden, und die Gastronomie umwirbt die Fans, als gäbe es niemanden sonst auf der Welt. Um eine echte, traditionelle Fußballkneipe handelt es sich hingegen beim Thiebolds-Eck.

Die Thieboldsgasse lag im Mittelalter rund drei Meter tiefer als der parallel verlaufende Mauritiussteinweg. Die Deepejass, wie sie deshalb auch hieß, war ausgewaschen wie ein Hohlweg, und ausgesprochen niedrigen Standes waren auch ihre Anwohner. Erst im frühen 19. Jahrhundert, unter französischer Besatzung, erhielt sie ihren an Theobald erinnernden heutigen Namen.

Die kleine, sehr kölsche Kneipe auf der Ecke zur Lungengasse wird seit Jahrzehnten vor allem an Samstagen geradezu überschwemmt von Kuttenträgern aller Art. Hunderte von Schals, Wimpeln und sonstigen Reliquien der Fans belegen, dass hier weiß Gott nicht nur Geißbockanhänger verkehren. Das Thiebolds-Eck genießt in Fußballkreisen einen durchaus überregionalen Ruf. Hier trifft man sich zwei Stunden vor dem Match zum Vorbrennen, um dann bequem in einer der nahen Neumarktbahnen zum Stadion zu fahren.

Eine Kneipierslegende war der bei den Stammgästen noch immer im Gedächtnis verhaftete Josef »Jupp« Metternich. Er führte das Thiebolds-Eck von 1980 bis ins Jahr 1999. Sein Problem – beziehungsweise das Problem der Gäste – war, dass er in Sötenich wohnte, das liegt bei Mechernich in der Eifel. Und weil er nicht gern im Dunkeln oder bei Glatteis zu Hause ankam, waren die Schotten hier meist schon um acht Uhr dicht. Nachdem Metternich schwer erkrankte, zog er sich ganz in die Eifel zurück. Das Thiebolds-Eck jedoch brummt weiterhin. Noch immer eher am frühen Abend. Und samstagnachmittags.

Adresse Lungengasse 31, Innenstadt | **Tel.** 0221/21 44 34 | www.thiebolds-eck.de | **Öffnungszeiten** Mo–Sa ab 10.30 Uhr, So nur, wenn der FC spielt | **ÖPNV** Bahn 1, 3, 4, 7, 9, 16, 18, Haltestelle Neumarkt | **Sonstiges** Gutbürgerliche Küche, Außengastronomie

91_Torburg

Blues, Kölsch und Frikadellen

Im letzten Jahrtausend hieß diese Kneipe noch Cöllen. Das ambitionierte »C« deckte sich allerdings nicht wirklich mit dem Ambiente, handelte es sich beim Cöllen doch eher um eine kölsche Kaschemme. Dass hier auch schon einmal die Fäuste flogen, kann der heutige Wirt Martin Wolf bezeugen. Als 18-Jähriger kellnerte der in der Südstadt aufgewachsene Junge hier ein Weilchen. Zusammen mit seiner Frau Hülya übernahm er das Lokal im Januar 2000 – und stellte es auf den Kopf.

Als Erstes änderte sich der Name: Die »Torburg« liegt direkt neben der Severinstorburg, oder auf Kölsch: der Vringspooz. Unter der neuen Leitung erarbeitete sich die Kneipe einen guten Ruf – nette Kellner, frisches Kölsch und erstklassige Frikadellen überzeugten das Veedel. Nach einigen Jahren als reines Ausschanklokal erfüllte sich Martin dann einen Traum. Schon immer hatte er sich Livemusik in der Torburg gewünscht, und ein Auftritt von Inge und Gerhard Sagemüller (Kozmic Blue) diente als Initialzündung. Direkt im Anschluss an die Theke wurde eine kleine Bühne installiert, und los ging es. Fortan entwickelte sich die Torburg zu einer angesagten Adresse für Bluesmusiker – zunächst aus der näheren Umgebung, inzwischen jedoch aus aller Welt. Die exzellente Booking-Arbeit zahlte sich aus: 2019 wurde das Lokal mit dem »German Blues Award« als »Bester Club« ausgezeichnet. 2021 folgte der »Preis der deutschen Schallplattenkritik« für das »Torburg Charity Blues Paket«, einem Album, mit dem coronagebeutelte Musiker unterstützt wurden.

Empfangen wird man in der Torburg von einem Poster des breit lachenden Rat Packs um Frank Sinatra. Eine Kopie des Reissdorf-Männchens vom Rudolfplatz verweist auf das hier ausgeschenkte Kölsch. Und als kleiner Gag am Rande hängt ein Kummerkasten überm Eingang - allerdings so hoch, dass ihn niemand erreicht. Aber es gibt eben auch keinen Anlass, ihn zu füllen.

Adresse Kartäuser Wall 1, Südstadt | **Tel.** 0221/310 45 93 | https://torburg.koeln | **Öffnungszeiten** täglich ab 15 Uhr | **ÖPNV** Bahn 15, 16, 17, Haltestelle Chlodwigplatz | **Sonstiges** Biergarten an der Severinstorburg, Live-Konzerte

92_Trierer Eck

Die »Queen Mamm« vom Pantaleonsviertel

13 Jahre lang, von 2000 bis 2013, war Anita Stitz die Wirtin des Trierer Ecks. Die gebürtige Ehrenfelderin mit Schweizer Mutter trug den Kosenamen »Queen Mamm«. Ihren Mann Gerd hatte sie am Tresen dieser kölschen Gaststätte kennengelernt. Und genau dort, bei ein paar Kölsch, reifte auch der Plan, eine Kneipe zu übernehmen. Weil der ihr vorangehende Wirt – angeblich - sein bester Kunde war, wurde das Lokal Ende des letzten Jahrtausends frei. Die kölsche Königinmutter nutzte ihre Chance. Seit Anita altersbedingt ausschied, geht es unter wechselnden Pächtern kompetent weiter.

Seinen tragischsten Moment musste das Trierer Eck im Jahr 1975 erleben. Nachdem seine Frau ihn verlassen hatte, erhängte sich der damalige Wirt im Keller des Lokals. Man fand die Leiche, nachdem irritierte Stammgäste vor der geschlossenen Tür gestanden und schließlich Alarm geschlagen hatten. Heutzutage jedoch besticht diese klassische Eckkneipe durch ihre immer lebhafte und freundliche Atmosphäre. Hier verkehren Arbeiter und Studierte, Menschen zwischen 20 und 80, die gerne »de Schnüss schwaade« oder die Würfel rollen lassen. Und natürlich wird hier auch der FC gefeiert – wenn es die Ergebnisse denn zulassen. Das Trierer Eck ist ein Anlaufpunkt für das ganze Pantaleonsviertel – und für diverse Karnevalsgruppen. Reissdorf-Kölsch, Schnitzel und selbst gebratene Frikadellen bilden die kulinarische Basis für diese lebhafte Nachbarschaftskneipe, in der man den Alltag wahlweise angeregt diskutiert oder nonchalant vor der Tür lässt. Seit 1964 geht das nun schon so, dem Jahr der Hauseinweihung. Und unverändert ist seitdem auch die gesamte Einrichtung, seien es die schmiedeeisernen Gitter, der hölzerne Thekenschrank oder die Delfter Kacheln in der hübschen Nische rechts hinterm Tresen. Bernhard und Elisabeth Müller, die Erbauer des Hauses, hatten sie einst aus Brüssel mitgebracht.

Adresse Trierer Straße 21a, Pantaleonsviertel | **Tel.** 0221/240 57 48 | www.triererecK. de | **Öffnungszeiten** Mo–Fr ab 14, Sa u. So ab 10.30 Uhr | **ÖPNV** Bahn 12, 15, 16, 18, Haltestelle Barbarossaplatz | **Sonstiges** Kleine Speisen, Außengastronomie

93_Tripse Bock

... goes Russisch: Dostoevsky-Raskolnikow

Im Jahr 1868 eröffnete Georg Trips das Mülheimer Lokal »Zum Kreuzchen«. Zugleich war er Mitglied der Freiwilligen Feuerwehr, und während eines Festes kam es zu einem Kampf: Georg sollte zur Gaudi des Publikums gegen einen kleinen Ziegenbock antreten. Er rang das Tierchen tapfer nieder, aber der Jux hatte Folgen. Fortan riefen ihn die Gäste im »Kreuzchen« den »Tripse Bock«.

Der Wirt wurde darüber stets so wütend, dass er zahllose Lokalverbote aussprach. Aber wie das mit Spitznamen so ist: Einmal in der Welt, sind sie schwer wieder zu vertreiben. 1902 heiratete die Familie sich auf der linken Rheinseite ein und kam ab 1902 in den Besitz jenes Traditionslokals, das später »Bei d'r Tant« hieß (siehe weiter vorn). Sechs Jahre darauf erwarb Georgs Sohn das Haus an der Ecke Bonner Wall und Bonner Straße und taufte die Kneipe im Parterre auf den Namen, den sein Vater so gehasst hatte: Tripse Bock.

Nach der Zerstörung des Gebäudes im Zweiten Weltkrieg begann für die Trips-Familie eine lange Wanderschaft, die sie bis ins Bergische Land führte. Bis 1952 leitete man den »Rösrather Bahnhof«, danach für vier weitere Jahre eine Wirtschaft in der alten Heimat Mülheim. Als jedoch 1957 das Haus in der Südstadt wieder stand, kehrte man flugs dorthin zurück. Bis 1974 blieben die Nachfahren Georgs hier federführend, zuletzt seine Urenkelin. Seitdem jedoch wird der Tripse Bock, diese klassische kölsche Eckkneipe und »Speisegaststätte«, verpachtet. Ab 1984 etwa zapften hier für sechzehn Jahre die Lukoschicks, die zuvor den »Rhöndorfer Hof« in Klettenberg geführt hatten. Das Interieur des Lokals stammt samt Kegelbahn aus den 1950er Jahren. Der Verkehr an der rauhen Kreuzung von Bonner Straße und Bonner Wall hat seither deutlich zugenommen. Aber in ihrem Innern versprüht das Dostoevsky-Raskolnikow, wie es seit einigen Jahren heißt, noch immer einen sehr nostalgischen Charme.

Adresse Bonner Wall 2a, Südstadt | **Tel.** 0221/931 18 420 | www.raskolnikow-koeln.de | **Öffnungszeiten** Mo–So ab 18 Uhr | **ÖPNV** Bahn 15, 16, Haltestelle Chlodwigplatz; Bus 132, 133, Haltestelle Alteburger Wall | **Sonstiges** Russisch-Baltische Küche, Kegelbahn

94 Ubierschänke

Trinken ab elf

Keine schlechte Idee, seine Kneipe nach den kölsch-germanischen Ubiern zu benennen. Schließlich steckt in diesem Stammesnamen schon jenes Getränk, um das es hier hauptsächlich geht. Wie der Backes in der Darmstädter Straße steht auch die Ubierschänke für gastronomische Konstanz in der ansonsten stark veränderten Südstadt. Wo noch in den 1980ern Hausbesetzer, Studenten und sonstige »Herumtreiber« die Szene regierten, herrscht heutzutage eine eher bürgerlich-verbeamtete Ruhe. Der Laden an der Ecke Ring und Alteburger Straße hat sich davon jedoch nicht beeindrucken lassen.

Eine Kneipe hat hier schon bald nach dem Zweiten Weltkrieg existiert, aber die eigentliche Geschichte der Schänke beginnt in den 1970er Jahren. Damals übernahmen Reiner und Ernie die Regie, und der Laden verwandelte sich von einer heruntergekommenen bürgerlichen Eckkneipe in einen Szeneschuppen mit jazzigem Anstrich. Seinerzeit wurde auch die kleine Bühne installiert, die bald zahllose Live-Auftritte erlebte. Ende 1997 dann stand ein Generationenwechsel an, die heutige Crew übernahm die Ubierschänke. Angeblich war Günter Zabel, einer der neuen Besitzer, scharf auf ein Etablissement, das ihm ungestörte Doppelkopfrunden ermöglichte. Im »Alcazar«, das er seinerzeit mitbegründet hatte, war es allmählich zu voll geworden.

Aber wie dem auch sei, auch unter der neuen Führung blieb die Ubierschänke unverändert. Wie eh und je hängen die Wände voll mit historischen Kneipenfotos, und vorm Männerpissoir blickt man in die Augen von Stan und Ollie, Humphrey Bogart und Ingrid Bergman. Der größte Orden gebührt der Ubierschänke jedoch wegen ihrer Öffnungszeiten. Hier wird – selten in der Südstadt – der hölzerne Rollladen tagtäglich schon um elf Uhr hochgezogen. Vom Frühschoppen übers Feierabendbier bis hin zum nächtlichen Versacken ist hier dementsprechend alles möglich.

Adresse Ubierring 19, Südstadt | **Tel.** 0221/32 13 82 | www.ubierschaenke-koeln.de | **Öffnungszeiten** täglich ab 11 Uhr | **ÖPNV** Bahn 15, 16; Bus 132, 133, jeweils Haltestelle Chlodwigplatz | **Sonstiges** Kleine Speisen, Außengastronomie

95_Weimarer Stübchen

Zechen an der alten Zeche

Die Höhenberger Germaniasiedlung wurde zwischen 1920 und 1928 von der städtischen GAG errichtet. Auf dem Gelände einer ehemaligen Braunkohlezeche entstanden insgesamt 1.400 Wohnungen vor allem für die Arbeiter der Kalker und Mülheimer Industriebetriebe. Weil hier zahlreiche namhafte Architekten mitwirkten, repräsentiert die Siedlung ihre Zeit wie keine zweite in Köln. Ganz zu Recht steht sie seit dem Jahr 2000 größtenteils unter Denkmalschutz. Ein Jahr später setzte eine aufwendige Renovierung des Viertels ein, die zehn Jahre dauerte und rund 80 Millionen Euro verschlang. Unter dem alten GAG-Motto »Lich, Luff un Bäumcher« erstand die Germaniasiedlung neu und präsentiert sich nun wieder im Gewand ihrer Gründerzeit.

Im Paul-Schwellenbach-Haus an der Weimarer Straße 15 wurde inzwischen eine museale Musterwohnung eingerichtet (siehe GAG-Website). Ein paar Meter weiter gelangt man zum Weimarer Stübchen, das wie die gesamte Siedlung stets einen Besuch wert ist. In dieser kleinen Kneipe fühlt man sich sofort wohl, sei es an der den Raum durchmessenden Theke oder den wenigen Tischen. Die bleigefassten Fenster präsentieren gastrotypische Motive – vom Rebmann bis zum Bierbrauer. Außen wiederum zieht sich entlang der Backsteinfassade eine schnuckelige Freiterrasse, die den Besucher mitten ins historische Ambiente platziert.

Eine Kneipe war ursprünglich nicht geplant gewesen für das neue Viertel. Der kleine Anbau, in dem heute das Stübchen residiert, diente zunächst über Jahrzehnte einem Kolonialwarenladen als Heimstatt. Als dieser Ende der 1970er in eine Gaststätte umgewandelt werden sollte, hagelte es Proteste der Anwohner: Man fürchtete sich vor zukünftiger Lärmbelästigung. Aber der Mensch ist wandel- und belehrbar: Die Kneipe mutierte zum zweiten Wohnzimmer der Siedler, und aus aufgebrachten Protestlern wurden befriedete Stammgäste.

Adresse Weimarer Straße 17, Höhenberg | **Tel.** 0221/16 91 39 57 | www.weimarerstuebchen.de | **Öffnungszeiten** täglich ab 10.30 Uhr | **ÖPNV** Bahn 1, Haltestelle Fuldaer Straße | **Sonstiges** Kleine Terrasse, kleine Speisen

96 Weinhaus Brungs

Kaiser, Papst und die Grinköpfe

Das »Haus Brungs« war früher neben etwa dem »Vogel« am Eigelstein (siehe Seite 202) eines der wenigen echten Weinhäuser der Stadt. Heutzutage bekommt man hier zur gehobenen Küche auch ein Kölsch serviert, wenn es denn sein muss.

Bis 1545, schreibt der Kölner Chronist Hermann von Weinsberg (1518–1597), hatte am Marsplatz ein römisches Stadttor gestanden, das einst zum Hafen hinunterführte. Nach dem Abriss errichtete der Ratsherr Gillis Eiffler an gleicher Stelle zwei repräsentative Gebäude. Nachdem diese Mitte des 19. Jahrhunderts in den Besitz der nicht minder alteingesessenen Familie Brungs übergingen, verband man die beiden Einheiten. Der Durchbruch wurde mit jenem neogotischen Spitzbogen ausgekleidet, durch den man heute zur Theke schreitet. Links auf Augenhöhe erblickt man den eingemeißelten »Worbel«, eine Figur, die auf einen Stadtnarren des 12. Jahrhunderts namens Pankratz Weinstock zurückgehen soll.

Ohnehin geht es im Weinhaus Brungs sehr figürlich zu. Besonders viel Historie atmet der gastronomische Gewölbekeller, der im Zweiten Weltkrieg unzerstört blieb. Hier tafelt man in römischem Mauerwerk und lässt sich von gruseligen Grinköpfen auf den Teller stieren. Die Fratzen dienten ursprünglich zur Befestigung von Seilzügen und hingen über dem Kellerabgang von Handelshäusern. Die beiden in die Wand eingelassenen Ganzkörperskulpturen von Kaiser und Papst wiederum entstammen, so wird vermutet, einem Kirchenraub aus dem Süddeutschen. Passend dazu sitzt man hier teilweise auf uraltem Chorgestühl unbekannter Herkunft. Das Gefühl, dort unten Teil eines mittelalterlichen Krimis zu sein, verstärkt sich noch, wenn man weiß, wie es jenseits der Mauern weitergeht. Sollte es nämlich jemals nötig werden, durch den Notausgang zu flüchten, dann landet man wo? – Direkt unter dem Rathaus.

Adresse Marsplatz 3, Altstadt | Tel. 0221/258 16 66 | www.weinhaus-brungs.de | Öffnungszeiten Mi u. Do ab 17, Fr u. Sa ab 12 Uhr | ÖPNV Bahn 1, 7, 9, Haltestelle Heumarkt | Sonstiges Gutbürgerliche Küche, Außengastronomie

97__Weinhaus Vogel

Von Dionysos zu Gambrinus

Lange Zeit wurde angenommen, das Wort Eigel stamme von römisch aquila (= Adler), dem Feldzeichen der Legionäre. Inzwischen geht man jedoch davon aus, dass hier die steinernen Pinien Pate standen, die die römischen Grabmäler entlang der antiken Ausfallstraße schmückten. Die Kölner hielten sie für Eicheln. Der Eigelstein bildet die Fortsetzung der Schneise Bonner-, Severins- und Hohe Straße und führte schon zu Römerzeiten weiter gen Neuss.

Die Geschichte des Weinhauses Vogel beginnt im Jahr 1898, als Josef Vogel hier seine Hausbrauerei »Zur Sonne« gründete. Ab 1924 und bis zur Zerstörung im Zweiten Weltkrieg überwachte sodann sein Sohn Konrad die Maische. Das einstmals prächtige Gebäude wurde nur bis zum ersten Stock wieder hochgezogen, und als Flachbau begegnet es uns auch bis heute. Und noch immer prangt über dem Eingang der Schriftzug »Brennerei K. Vogel Weinhandel«.

Den Brauereibetrieb hatten die Vogels nach 1945 nicht mehr aufgenommen, stattdessen setzte man auf eine elaborierte Weinkarte. Bis in die 1980er Jahre hinein galt der Vogel als beliebter Treffpunkt für Freunde des Rebensafts. An diese Tradition erinnern heutzutage noch die im Schaufenster ausgestellten Weinflaschen, und hintendurch hängt das Steinrelief eines dreisten Dionysos, also des Weingottes. Vom Ambiente her ist das Lokal jedoch auf die Seite von Gambrinus, dem Bierheiligen, geschwenkt. Den Gast erwartet ein kölsches Brauhaus, dessen Thekenraum sicherlich zu den schönsten und atmosphärischsten der ganzen Stadt gehört. Am niedrigen Tresen stehen zu jeder Tages- und Abendzeit Menschen, die in den Vogel passen wie das Ei ins Nest. Die schlichte, lange Bank längs des Raums ist – dies belegen die alten Aufnahmen im Sälchen – ein Relikt aus vergangenen Zeiten. Und das kleine Bänkchen vorn am Thekenknick realisiert den Traum eines jeden Trinkers.

Adresse Eigelstein 74, Eigelsteinviertel | **Tel.** 0221/139 91 34 | www.weinhaus-vogel.de | **Öffnungszeiten** Di–So ab 12 Uhr | **ÖPNV** Bahn 5, 12, 15, 16, 18, Haltestelle Ebertplatz | **Sonstiges** Brauhausküche, Biergarten

98 Weißer Holunder

Fifties-Charme und Veedelskneipe

Der Autor dieses Textes war im Jahr 1998 Kneipenschreiber des Weißen Holunder, und das bedeutete: ein Jahr lang einmal die Woche Freibier inklusive einem Essen. Sensationell, einen angenehmeren Literaturpreis kann man sich kaum vorstellen. Und dieser Wettbewerb steht zugleich exemplarisch für den Einfallsreichtum des Wirtsehepaars Margot und Karl Schiesberg, das hier bis zum Frühjahr 2013 das Zepter führte. Bis heute ist der Holunder alles in einem: eine Kleinkunst- und Musikbühne, auf der mal kommunistische Kampflieder, mal kölsche Krätzchen dargeboten werden; ein stimmungsvoller Spielsalon für ausgedehnte Billard- oder Skatturniere; und zu guter Letzt: eine wunderschöne Nachbarschaftskneipe.

Seine Pforten öffnete das Lokal an der Gladbacher Straße im Februar 1991. Schon seit den 1920er Jahren hatte in denselben vier Wänden die »Gaststätte Schumacher« existiert, eine traditionelle Eckkneipe. Als die Schiesbergs hier den Zapfhahn übernahmen, war vom alten Charme jedoch nicht viel geblieben. Diverse Verschlimmbesserungen der 1980er mussten entsorgt werden, bevor der Holunder sein heutiges Gesicht bekam. Original erhalten blieb etwa die Glasabtrennung zwischen Theke und Saal, während die Wände mit einer beinahe schon museal anmutenden Sammlung von 50er-Relikten geschmückt wurden: Küchenutensilien, antike Radios, historische Fotos zeitgenössischer Filmgrößen und vieles mehr. Und damit man die Fifties auch trinken kann, stehen hier Schnäpse wie Bärenfang, Eckes Edelkirsch und Schwarzer Kater im Regal. Herzstück des Kneipeninterieurs ist jedoch bis heute die Rock-Ola-Musikbox. Tag für Tag stimmt sie die Gäste mit einem alten Schlager von Gitta Lind auf den Abend ein. Er erschien erstmals im Dezember 1956 und sollte zum größten Hit der Sängerin werden. 26 Wochen hielt er sich in den Charts, und 35 Jahre später wurde eine Kneipe nach ihm benannt: »Weißer Holunder«.

Adresse Gladbacher Straße 48, Mediaparkviertel | Tel. 0221/94 52 65 00 | www.weisser-holunder.de | Öffnungszeiten täglich ab 16 Uhr | ÖPNV Bahn 12, 15, Haltestelle Christophstraße/Mediapark | Sonstiges Kleine Speisen

99_Wirtshaus Spitz

Kölsch statt Cocktailbar

Betrachtet man die alten Fotos hinter dem Eingang, dann entsteht der Eindruck, dass es im Spitz nicht ohne »Peter« und »itz« geht. Hieß der Brenner 1930 noch Peter Iditz, so belegt die Aufnahme von 1954 einen Peter Zitzen, dessen Familie das Haus an der Neusser Straße auch bis heute gehört. Benannt wurde das Lokal hingegen nach Peter Spitz, dessen Name auch stets parallel zu den beiden anderen auf der Fassade zu lesen ist.

Das Spitz ist heutzutage wieder das, was es die meiste Zeit über war: ein echt kölsches Wirtshaus. Die dunklen, bis in rund zwei Meter Höhe holzvertäfelten Wände gehen über in eine mit buntem Bleiglas verkleidete Decke. Der rustikale Dielenboden verbindet die Theke mit dem lang gezogenen Saal. Diese Wende verdankt das Lokal allerdings einer groß angelegten Rundum-Renovierung von 2006. Bis dahin nämlich war das Spitz verschandelt worden. Die vormaligen Pächter hatten das Traditionshaus rot angestrichen und die verrückte Idee, hier eine Art Cocktailbar zu realisieren. Der Plan scheiterte grandios, denn die alten Gäste blieben weg, und neue wollten sich nicht einfinden. Das Spitz musste schließen.

Die Gründung dieser Institution im Agnesviertel geht auf das Jahr 1902 zurück. Damals eröffnete Peter Spitz hier seine Brennerei mit angeschlossenem Wirtshaus. Nach seinem Tod übernahm seine Frau das Zepter, bis das Haus im Zweiten Weltkrieg zerbombt wurde. Direkt 1945 machte man sich an den Wiederaufbau, aber noch im Jahr 1951, das sieht man auf einem der erwähnten Fotos, stand hier nicht mehr als eine einstöckige Baracke. Weil die große Zeit des Kölsch noch bevorstand, gingen in diesen Mauern vor allem Dortmunder Union und Würzburger Hofbräu über die Theke. Inzwischen wird im Spitz jedoch Gaffel ausgeschenkt. Die Traditionsbrauerei befand sich von 1908 bis 2014 auf dem nahen Eigelstein.

Adresse Neusser Straße 23, Agnesviertel | Tel. 0221/16 86 48 44 | www.wirtshaus-spitz.de | Öffnungszeiten Mo–Do ab 16, Fr–So ab 12 Uhr | ÖPNV Bahn 5, 12, 15, 16, 18, Haltestelle Ebertplatz | Sonstiges Brauhausküche, Außengastronomie

100_Wicleff

Die Berlin-Köln-Connection

Die Wicleffstraße, benannt nach einem englischen Theologen des 14. Jahrhunderts, liegt im Berliner Stadtteil Moabit. Wer jedoch wissen will, wie es dort einst aussah, muss nur bis Neu-Ehrenfeld fahren. Auf dem großen, 1908 geschossenen Foto gegenüber der Wicleff-Theke sieht man Christopher Ottos Urgroßvater und seinen in ebenjenem Jahr geborenen Opa Schorsch vor der familieneigenen Kneipe. Das Lokal im Proletarierkiez Moabit war berühmt-berüchtigt: Im Ballsaal wurde getanzt, und dort tagten die sozialdemokratischen Genossen um August Bebel. Außerdem verfügte die Gaststätte über einen der ersten Billardtische der Stadt und destillierte ihren eigenen Schnaps.

Seit dem Jahr 2000 führt Otto nun seinen eigenen Laden in Köln – gemeinsam mit Koch Csaba Hajdu. Opa Schorsch konnte er hier sogar noch begrüßen, der Mann wurde gestandene 97 Jahre alt. Wie er, so kam auch das Haus am Lenauplatz 1908 auf die Welt, und von Anfang an wurde im Parterre Bier ausgeschenkt. Als die heutigen Pächter übernahmen, hörte die Kneipe noch auf den Namen Dreschwrengel und war eine typische Eckkneipe. Otto und Hajdu entkernten die Räume, holten Wände heraus, befreiten abgehangene Decken und entfernten die Spielautomaten. Das Resultat war ein lichtdurchflutetes Lokal mit der besten aller möglichen Aufteilungen: vorne ein gestreckter Thekenbereich, der sich nach hinten zu einem kleinen, gemütlichen Restaurant erweitert.

Schon vor seinem Neu-Ehrenfelder Engagement hatte das Wirtsduo rund 15 Jahre Gastronomie auf dem Kerbholz. Am Lenauplatz ist den beiden gelungen, was sie sich immer erhofft hatten: ein Lokal für Jung und Alt zu schaffen, in dem der Rentner mit dem Studenten und der Künstler mit dem Malocher plauscht. Und wenn der Autor dieses Buches mit Christopher nicht zehn Jahre in derselben Thekenmannschaft gespielt hätte, würde er dennoch genauso lobhudeln.

Adresse Lenaustraße 1, Neu-Ehrenfeld | **Tel.** 0221/716 34 08 | wwww.facebook.com/wicleff11 | **Öffnungszeiten** Mo–Sa ab 17 Uhr | **ÖPNV** Bahn 5, Haltestelle Lenauplatz | **Sonstiges** Abwechslungsreiche Speisekarte, Außenbereich zum Lenauplatz hin

101 Wirtz

Die Kneip, die jitt et noch

In seinem Song »Nix wie bessher« erinnerte sich Wolfgang Niedecken an die alten Zeiten in der Kölner Südstadt: »En Bäckerei, en Weetschaff, Pandhuus un Milchjeschäff, die Musikbox vum Wirtz woor ein Woch lang Stadtjespräch, weil do en unerhörte Plaat nur noch leef der janzen Daach: ›Love me tender‹, wat en Sprooch!!«

Die Musikbox gelangte, so vermutet der heutige Wirt Alexander Haag, nur dank künstlerischer Fantasie ins Wirtz. Auch heutzutage läuft hier keine Musik. Stattdessen rühmen die Stammgäste die gute rheinische Küche und da vor allem die riesigen Koteletts. Man beachte in diesem Zusammenhang das Pappschild an der Küchendurchreiche: »So werden Koteletts gemacht«, das von einem alten Stammgast und Schildermaler stammt.

Das 1882 erbaute Gebäude wurde sieben Jahre später um ein Weinhaus im Parterre ergänzt. Seine archaische Atmosphäre verdankt sich nicht zuletzt der Tatsache, dass es den Bombenkrieg der Alliierten beinahe schadlos überstand. Seit Mitte der 1960er, als man die alte Blümchentapete entfernte, hat sich hier nichts außer den Wirtsleuten geändert: Bis 1977 wurde das Bier von der namensgebenden Familie Wirtz gezapft, bevor dann die Eltern des heutigen Chefs Alexander Haag übernahmen. Eine besondere Rolle im Leben vieler Kölner spielt die Wirtschaft durch ihre Nähe zum Severinsklösterchen. Weil das unter anderem eine der beliebtesten Geburtsstationen der Domstadt unterhält, tranken hier schon viele Generationen erleichterter Väter ihr erstes Kölsch auf den frischgeborenen Nachwuchs.

Die Musikbox mit den Elvis-Scheiben ist längst Geschichte, und mit den verschwundenen Phänomenen des Severinsviertels endet auch das eingangs zitierte BAP-Lied: »Dä Schuster litt om Südfriedhoff, sing Pooz ess jetz ne Copyshop, nur em Wirtz sing Kneip, die jitt et noch.« – Und das stimmt nun definitiv!

Adresse Isabellenstraße 1, Südstadt | **Tel.** 0221/31 48 39 | www.wirtz-koeln.de | **Öffnungszeiten** Do–Di ab 17.30 Uhr | **ÖPNV** Bahn 3, 4, Haltestelle Severinstraße; Bahn 15, 16, Haltestelle Ulrepforte | **Sonstiges** Gutbürgerliche Küche

102 Die Wundertüte

So wunderlich wie bewundernswert

Richtet man den Blick gen Decke, glaubt man, eine Installation von Rosemarie Trockel zu sehen: Da hängen Stoffkissen an der Decke – durchaus ungewöhnlich. Irgendwann schon einmal gesehen hat man hingegen Kerzen, die den dicken Bauch einer Chiantiflasche betröpfeln. Weinpullen als Kerzenhalter, das war eine Mode der 1970er, die vor allem in Studenten- und Szenekneipen grassierte. Und genau aus dieser Zeit stammt auch Rosy Hagemeier – jedenfalls in gastronomischer Hinsicht. Mitte der 1970er kellnerte sie »beim Kommunisten-Griechen auf der Krefelder«, der »Taverna Diogenes«. 1978 eröffnete sie ihre erste Wundertüte, die an der Pfälzer Straße in der Nähe des Volksgartens lag. Hier feierte die Südstadt, Wolfgang Niedecken hatte frühe Soloauftritte als klampfender Singer und Songwriter. Auch die Wirtin selbst machte seinerzeit Musik, sie spielte Schlagzeug in einer Punkband. Nach 32 Jahren wurde der Mietvertrag schließlich nicht mehr verlängert. Aber lange hielt Rosy den Vorruhestand nicht aus. In Sülz am schnuckeligen De-Noël-Platz fand die Wundertüte 2012 ein neues Zuhause. K41 hatte dieses Lokal einst geheißen – nach der Postleitzahl 5000 Köln 41 für Sülz. Weil die Wirtin Jola hieß, wurde die Kneipe zudem nach ihr als »Jode Lade« tituliert. Damals wie heute handelt es sich um eine kölsche Eckkneipe für Studenten, Künstler und andere gastro-affine Menschen aus dem Veedel.

Die heutige Wundertüte besticht noch durch manch anderes innenarchitektonisches Detail. So sehenswert wie ungewöhnlich ist etwa die kupferblechbeschlagene Theke. Und so nett wie die versteckte Sitzecke kommt auch die kleine, leicht erhöhte Bühne daher. Auf dem Programm der Wundertüte stehen keine Fußballspiele wie in so vielen anderen Kneipen. Sondern hier wird der Kleinkunst und Musik gefrönt, etwa durch regelmäßige Vollmondkonzerte mit Evergreens und kölschen Liedern.

Adresse De-Noël-Platz 1, Sülz | **Tel.** 0178/706 74 58 | www.wundertuete.koeln | **Öffnungszeiten** Mo–Sa ab 18 Uh | **ÖPNV** Bahn 9, Haltestelle Weyertal | **Sonstiges** Kleine Gerichte, Biergarten, Live-Konzerte

103 Zum Alten Brauhaus

Heinrich Reissdorf und das Vringsveedel

Der Name ist so falsch wie richtig. Wer hier eintritt, befindet sich ganz offensichtlich nicht in einem »alten« Brauhaus. Andererseits blickt genau dieser Ort auf eine altehrwürdige Brauhaustradition zurück, die sich mit anderen durchaus messen kann. Denn hier an der Severinstraße liegt immerhin die Wiege der Reissdorf-Brauerei.

Insgesamt fünfzehn Brauereien befanden sich ehemals an der Severinstraße. Heinrich Reissdorf gründete die seine im Jahr 1894, in seinem fünfzigsten Lebensjahr. Ursprünglich hatte der Mann aus Zieverich bei Paffendorf eine Schneiderlehre absolviert und in Köln die Tochter eines Herrenausstatters geehelicht. Nach seiner Militärzeit wurde Reissdorf ein angesehener Uniformschneider, bevor er auf dem erworbenen Grund an der Severinstraße das Metier wechselte. Alte Aufnahmen belegen, dass sich anfangs im Erdgeschoss noch ein Nähmaschinenladen befand. Nach Heinrichs Tod führte seine Frau Gertrud den Betrieb weiter, die den Stab wiederum an ihre Söhne übergab.

Ursprünglich bestand das Areal aus dem Haupthaus zur Severinstraße hin, dem ein Biergarten sowie das rückwärtige Sudhaus folgten. Ab 1923 wurde hier auch Pils gebraut, und 1936 verfüllte man Obergäriges als erste Kölner Brauerei in Flaschen. Weil im Krieg immerhin die Brunnen heil geblieben waren, konnten die verbliebenen Reissdorfs entscheidend zur Trinkwasserversorgung des Vringsveedels nach 1945 beitragen. Unter den Trümmern fanden sich Lagerreste an Hopfen und Malz, und nachdem die Schusslöcher der Braukessel geflickt waren, konnte hier bereits im Juli '45 wieder Bier gezapft werden.

Die Reissdorf-Brauerei ist 1998 komplett nach Rodenkirchen übergesiedelt. Ihr Brauhaus auf der heimischen Severinstraße öffnete erst 2009 wieder seine Pforten. Zum Alten Brauhaus? – Mit dieser Vergangenheit auf dem Buckel: Ja!

Adresse Severinstraße 51, Südstadt | **Tel.** 0221/60 60 87 80 | www.brauhaus-suedstadt.de | **Öffnungszeiten** Di–Fr ab 16, Sa u. So ab 12 Uhr | **ÖPNV** Bahn 15, 16; Bus 132, 133, jeweils Haltestelle Chlodwigplatz | **Sonstiges** Brauhausküche, Außengastronomie

104 Zum Grinkenschmied

Der Heinzelmann vom Wupperplatz

»Grinken«, so nennt man die eisernen Reifen, mit denen man früher die Holzräder eines Bauernkarrens bespannte. Und der Grinkenschmied, das ist – zumindest im Kölner Raum – der letzte Heinzelmann. Nachdem die neugierige Schneidersfrau die fleißigen Zwerge vertrieben hatte, verschwanden sie bekanntlich auf Nimmerwiedersehen. Seiner Heimat treu blieb nur der Grinkenschmied: Er flüchtete zwar über den Rhein, hielt aber bereits in Höhenhaus inne. Dort am Emberg, in einer Höhle »Aan de sibbe Bäum«, haust er seitdem mit Fernblick auf den Dom.

Diese Fortschreibung der August-Kopisch-Sage verdankt Köln dem Autor und Heimatforscher Franz-Peter Kürten (1891–1957). In Höhenhaus wurde sie so beliebt, dass sich der Grinkenschmied zu einer Art Dorfheiligem entwickelte. Zum Beginn der dreitätigen Kirmes wird er im Rahmen eines Festzuges durch den Ort getragen. Und auf dem zentralen Wupperplatz steht seit 1979 auch ein Denkmal des Gnoms.

Ebenfalls am Platz und direkt gegenüber jener Bronzetafel liegt die Veedelskneipe gleichen Namens. Der heutige Grinkenschmied öffnete im Jahr 1956 in den Räumen einer ehemaligen Polizeistation seine Pforten. Damals beschränkte sich das Lokal auf den Bereich um die Theke und den schmalen Durchgang zur Kegelbahn. Der geräumige Saal hinten rechts kam erst später hinzu. Richtig voll wird es hier vor allem samstags ab elf. Dann nämlich wird auf dem Wupperplatz Markt abgehalten, eine Tradition, die nicht zuletzt das Dorfleben befördert.

Angeblich erledigte Grinki, wie man ihn hier nennt, auch im Exil noch allerlei Arbeiten, die man ihm vor seine Höhle legte. Seine eisernen Bänder benötigt heutzutage jedoch niemand mehr. Vielleicht hat er früher in der nach ihm benannten Kneipe die Fässer beschlagen, als die noch aus Holz waren. Inzwischen jedoch kehrt er hier wohl nur noch ein, um heimlich einen zu trinken.

Adresse Wupperplatz 15, Höhenhaus | **Tel.** 0221/96 46 03 65 | www.grinkenschmied.com | **Öffnungszeiten** Di–Sa ab 16, So ab 12 Uhr | **ÖPNV** Bahn 4, Haltestelle Am Emberg | **Sonstiges** Gutbürgerliche Küche, Biergarten

105 Zum Jägerhof

Die Immendorfs, die Frühs und die Ewalds

Die Geschichte des Jägerhofs ist eng verknüpft mit der 1865 gegründeten Immendorfschen Landbrauerei. 1874 nämlich zog diese auf das Gelände an der Zündorfer Hauptstraße und eröffnete dort einen Brauereiausschank. Sowohl Jacob Immendorf (1885–1966) als auch sein Bruder Peter Josef (1888–1958) heirateten übrigens Töchter von Peter Josef Früh. Die Beziehung der beiden Brauerdynastien blieb auch in der Folgezeit innig. So übernahm Peter Josef Immendorf 1943 die Geschäftsführung von Früh und führte die Firma auch während des Wiederaufbaus. Jacob hingegen erstand 1913 die Schmitzsche Brauerei in Müngersdorf, taufte sie Union Brauerei Köln und vereinigte sie fünf Jahre später mit dem inzwischen in Hubertus Brauerei umbenannten Familienbetrieb in Zündorf. Auch die Müngersdorfer Gründung steht in chronologischem Zusammenhang mit einem weiteren Kölner Traditionshaus: Hier, gegenüber dem Stadion, wurde ab 1993 für einige Jahre Sion Kölsch gebraut, bevor der gesamte Komplex einem Neubau wich.

Der Jägerhof gelangte 1919 in den Besitz der Familie Ewald, und der gehört er auch bis heute. Fünfundfünfzig Jahre lang, von 1936 bis 1991, stand hier ein Otto Ewald hinter den Zapfhähnen; bis 1965 der Vater, dann der Sohn. Und so trank man denn auch »Beim Ött«, wie das Lokal von älteren Zündorfern bis heute genannt wird. Ottos Enkel, der hier seit 1991 die Geschäfte führt, heißt jedoch weder Otto noch Ewald, sondern Ralf Keppeler. Selbst Mitglied der Fidele Grön-Wieße Rezag/Ehrengarde Porz, hat die Karnevalsgesellschaft im Jägerhof natürlich auch ihren Stammsitz. Das Kürzel Rezag steht dabei für Rheinische Ziehglas AG – Porz ist bis heute ein bedeutender Standort für Spezialglas-Anfertigungen. Eingedenk ihrer Farben und so mancher ausschweifender Feier haben die KG-Mitglieder noch einen weiteren Namen für dieses Lokal: Sie nennen es die »Grüne Hölle«.

Adresse Hauptstraße 188, Zündorf | Tel. 02203/987 60 | Öffnungszeiten täglich ab 17 Uhr | ÖPNV Bahn 7, Haltestelle Zündorf | Sonstiges Gutbürgerliche Küche, Außengastronomie

106 Zum Prinzen

Bäcker, Brauer und die Brezel

1213 erstmals erwähnt, ist dieses Haus das älteste am Alter Markt. Damit reicht es tatsächlich zurück bis in die Zeit der Gaffeln, denen das Brauhaus seinen bis 2016 geltenden Namen »Gaffel-Haus« verdankte. Gaffeln, so nannte man die politischen Handwerksverbände des Mittelalters, die 1396 mit dem Verbundbrief eine erste, vordemokratische Stadtverfassung schufen. In der Nummer 20 am Alter Markt traf sich jedoch nie die Brauer-, dafür immerhin ab 1920 die Bäckerinnung. Der überlieferte Urname lautete hingegen »Zur Briezele am Apfelmarkt«, die Baumfrüchte wurden direkt um die Ecke verkauft.

Bald nach 1580 erhielt das Gebäude seine charakteristische Doppelhausfassade. Der angesehene Steinmetzmeister Benedikt von Schwelm ließ einen südlichen Zwillingsanbau hochziehen. Dieser bekam den Namen »Zum Dorn«. Die Trennwand zwischen den beiden Einheiten wurde aus Eichenfachwerk gezimmert, ein Umstand, der sich später bezahlt machen sollte. Der Beginn des 20. Jahrhunderts nämlich sieht das altehrwürdige Haus abbruchreif, nur das feste Holz und die Kunst der alten Handwerker verhinderten Schlimmeres. Um die fällige Komplettsanierung in die Wege zu leiten, wurde die Kommune neue Eigentümerin der Immobilie.

1943 brannte die Brezel zwar völlig aus, konnte aber ihre Außenmauern unbeschadet retten. Erhalten blieb auch die noch heute zu besichtigende Bittspruch-Tafel, auf der es heißt: »Dies hous steit in Gottes hand – zo der bretzel bin ich genannt.« Dennoch dauerte es bis zum Ende der 1950er Jahre, bis das Gebäude wiederauferstand. Dass hier im Jahr 1986 zunächst die Gaffel-Brauerei einzog, mutet konsequent an: Von der Brezel zum Bier ist es unter kulinarischen Aspekten schließlich nicht sehr weit. Der neue Name, Zum Prinzen, spielt hingegen auf Kölns Fußballstar Lukas »Prinz Poldi« Podolski an. Dementsprechend wird hier seit der Neueröffnung 2016 ein Schwerpunkt auf Fußball-Liveübertragungen gelegt.

Adresse Alter Markt 20–22, Altstadt | **Tel.** 0221/96 02 22 20 | www.zum-prinzen.com | **Öffnungszeiten** täglich ab 12 Uhr | **ÖPNV** Bahn 1, 7, 9, Haltestelle Heumarkt | **Sonstiges** Brauhausküche, Außengastronomie

107_ Zum Schwazze Köbes

Kaate, Knobele, Suffe

Die Geschichte von Traditionskneipen ist häufig eine Geschichte familiärer Verbandelungen. So auch im Fall des Schwazze Köbes, einer klassischen Ehrenfelder Veedelskneipe. Vor dem Krieg, ja, schon in den 1920er Jahren hieß die Wirtschaft »Hansen«. In diese Familie heiratete ein Ehrenfelder Jung ein, ein gelernter Kraftfahrer, der auf den Namen Jakob Schwarz hörte. Und Jakob Schwarz, das ist auf Kölsch der »Schwazze Köbes«. Im Laufe der 1960er Jahre übernahm Jakobs Tochter das Zepter, zusammen mit ihrem Mann Reinhold Weinrichs. Das vom Krieg zerstörte Haus, von dem nur die Kneipe im Parterre geblieben war, wurde unter ihrer Regie peu à peu wiederaufgestockt.

Die Weinrichs führten die Kneipe bis zum Ende der 1970er Jahre. Wenn man fragt, was sich seither verändert habe, lautet die Antwort hier unisono: »Nix!« Aber na gut, im Durchgang zum Sälchen stand früher ein Kohlenofen, der ist inzwischen fott. Genauso wie manch prominenter Stammgast. Hier verkehrten nicht nur die Sportredakteure von Rundschau und Stadt-Anzeiger, sondern auch Müllers Aap und andere Sportler. Ob jedoch der als trinkfreudig bekannte FC-Meistertrainer Hennes Weisweiler hier wirklich einmal betrunken gegen die Theke gep... hat, darüber ist man sich nicht mehr ganz einig. Gesichert ist hingegen, dass auf die Weinrichs-Ära bald die von Nagelschmidts Adi folgte. Außerordentlich beliebt sei der gewesen, der hatte ein großes Herz fürs »Kaate, Knobele und Suffe«. Vor allem Apfelkorn. Nachdem er gestorben war, stand hier bis ins Jahr 1996 seine Tochter hinterm Tresen, wegen ihrer vielen Männer auch die »Liz Taylor von Ehrenfeld« genannt. Aber das ist eine andere Geschichte.

Verlässt man den Schwazze Köbes, genügt übrigens ein Blick auf die Hauswand, um aller Sünden ledig zu werden. Dort nämlich ist eine Madonnenstatue eingelassen.

Adresse Thebäerstraße 50, Ehrenfeld | **Tel.** 0221/51 85 00 | **Öffnungszeiten** täglich ab 14 Uhr | **ÖPNV** Bahn 3, 4, Haltestelle Körnerstraße

108 _ Zur Alten Post

Bauerndorf und Vorortkino

Jahrzehntelang lagen sie einträchtig nebeneinander: Die Alte Post und das »Haus Füssenich« in Rondorf. Fragt man die Kneipengänger der Ortschaft, so rekrutierten die Lokale dieselbe Klientel: Man ging zum »Füssenich« und danach in die Post oder andersherum. Immer wieder jedoch wurde die kleine Dorftour zwangsweise unterbrochen. Mal stand die Post leer – wie im Jahr 2004; und mal erwischte es – wie zuletzt 2010 – das »Haus Füssenich«.

Mitte des 19. Jahrhunderts war Rondorf noch ein kleiner Bauernweiler vor den Toren Kölns. Die ersten mehr oder weniger durchgängig bebauten Straßenzüge gingen von der Ecke Haupt- und Kapellenstraße aus, genau dort, wo heutzutage die genannten Kneipen liegen. Noch im Jahr 1900 jedoch befand sich hier ein kleines, zu einer Hofanlage gehörendes Eckhaus, das bald darauf abgerissen wurde. Zur selben Zeit entstand am Rande dieses historischen Kerns die Pfarrkirche Hl. Drei Könige, die inzwischen entweiht und zu einem Architektenhaus umgebaut wurde.

Spätestens ab 1917, das belegen alte Aufnahmen, konnte man an der zentralen Straßenkreuzung Bier trinken, und zwar in der »Restauration Zur Post von W. Fusswinkel«, wie der Schriftzug an der Fassade besagte. Ein mächtiger Bau war da erwachsen, um den herum sich bis heute zahlreiche zum Teil winzige, anderthalbstöckige Bauernhäuschen gruppieren. Platz war also genug dort, auch für einen Filmsaal. Wahrscheinlich schon vor dem Zweiten Weltkrieg, in jedem Fall aber noch danach, befand sich im ersten Stock ein typisches Vorort-Kino. Hier wurden Filme gezeigt, die im innerstädtischen Bereich ausgedient hatten. Die Zeiten sind lange vorbei, zwischenzeitlich wurden über dem Lokal sogar einmal Zimmer vermietet. Heutzutage läuft hier eher die Fußballbundesliga als ein Hans-Albers-Streifen, und das Publikum sitzt in einer vorsichtig im Brauhausstil renovierten Dorfschänke mit deutsch-chinesischer Speisekarte.

Adresse Rondorfer Hauptstraße 22, Rondorf | **Tel.** 02233/949 19 55 | https://zur-alten-post-by-green-dragon-restaurant-koeln.eatbu.com | **Öffnungszeiten** täglich ab 10.30 Uhr | **ÖPNV** Bahn 16 bis Bahnhof Rodenkirchen, dann Bus 131 bis Haltestelle Rondorf | **Sonstiges** Gutbürgerliche Küche

109_ Zur Alten Zollgrenze

Kaufleute, Galopper und Napoleon

Eine der traditionsreichsten Kölner Schänken liegt eingebettet in ein recht unattraktives Umfeld. Der kleine Biergarten wächst in einen tristen Parkplatz, gegenüber blickt man auf schmucklose Mietskasernen, und zwischendurch fließt der Verkehr der viel befahrenen Neusser Straße. Letztere jedoch ist zugleich verantwortlich für die historische Bedeutung des Lokals. Denn diese Ausfallstraße gen Norden ist römischen Ursprungs und damit seit rund zweitausend Jahren ununterbrochen in Betrieb. 1698 wurde hier eine Wirtschaft installiert, in der man zugleich Bier braute und Schnaps brannte. Beides konnten jene Kaufleute gebrauchen, die im Nebenzimmer ihren Wegezoll zu entrichten hatten. Bis Ende des 19. Jahrhunderts ging das so, und damals, 1898, wurde auch die nahe Galopprennbahn gebaut. Die ersten Pferde standen, wie zuvor die der Kaufleute und Postillons, in den Ställen der Zollgrenze.

Kaum eine andere kölsche Wirtschaft kommt dermaßen holzbetont daher. Die Paneelen reichen bis zur Decke, die ebenfalls mit dem urwüchsigen, dunkel gebeizten Baustoff ausgeschlagen ist – hier fühlt man sich aufgehoben wie in einer alten Schatzkiste. Zu würdigen wusste das auch so mancher prominente Besucher der letzten dreihundert Jahre. Der Überlieferung nach ist sogar Napoleon hier vorbeigekommen. Man weiß allerdings nicht, ob siegessicher auf dem Hin- oder geschlagen auf dem Rückweg seines verheerenden Russlandfeldzuges. Hat er hier gespeist oder sogar genächtigt? – Dä ein säät esu, dä andere esu! Aber natürlich nahm man den berühmten Besucher zum Anlass für manche Reminiszenz, etwa bei der Gestaltung der Bleiglas-Fenster. Die figürlichen Darstellungen darauf illustrieren das Brauerhandwerk, aber auch den Besuch des französischen Kaisers. Napoleon bekommt hoch zu Ross einen Krug gereicht, und in der Tür steht eine Frau. Man beachte den Blick, den die beiden sich zuwerfen …

Adresse Neusser Straße 549, Weidenpesch | **Tel.** 0221/74 83 43 | www.zollgrenze.koeln | **Öffnungszeiten** Mo–Sa ab 17, So 11.30–14 u. ab 17 Uhr | **ÖPNV** Bahn 12, 15, Haltestelle Mollwitzstraße | **Sonstiges** Brauhausküche, Biergarten

110_ Zwergnase

Bechernder Landmann, buhlende Schönheit

»Wir versuchen den Spagat zwischen uriger Kölner Eckkneipe und Restaurant der Mittelklasse«, heißt es auf der Homepage des Lokals. Das Konzept klingt nicht nur prima, sondern wurde auch dementsprechend umgesetzt. Mit dem Schritt durch die Tür steht der Besucher genau auf der Grenze zwischen dem Thekenbereich zur Rechten und den Tischen links entlang der Fenster. Um letztere herum winden sich Lehnen aus dunklen, lackierten Holzpaneelen – ein Stil, der langsam ausstirbt und deshalb umso charmanter wirkt. Den roten Resopaltresen wiederum zieren diamantbunte Kerzengläser. Zur Tür hin läuft er auf ein stilisiertes Riesenfass zu, bevor er in die Rentnerecke abbiegt. Dort über dem Hochtisch: ein geschnitztes Fries mit Musikant, becherndem Landmann und buhlender Schönheit. Dass es in der Zwergnase noch ein Sparkästchen gibt; dass hier Würfelbretter auf die Gäste warten und aus der Anlage im bleigefassten Thekenschrank gern auch mal Schlager laufen, versteht sich vor diesem Hintergrund von selbst.

Die 1966 eröffnete Wirtschaft hieß ursprünglich ganz schlicht Gaffel-Stübchen, bevor 2011 Birgit Schmitz die Zapfhähne übernahm. Weil ihr der Raum so putzig vorkam und sie auch selbst nicht gerade eine Hünin ist, taufte sie ihr neues Revier auf den Namen Zwergnase. Manch alter Stammgast murrte, aber die Brauerei war genauso überzeugt davon wie die Wirtin, die das Logo gleich selbst zeichnete. In Wilhelm Hauffs Märchen »Zwerg Nase« wird ein hübscher Junge in einen Gnom verwandelt – buckelig, halslos und mit einem riesigen Zinken im Gesicht. Der Kleine ist so hässlich, dass selbst seine Familie ihn verstößt. Durchaus eigenwillig also, seine Gaststätte nach solch einem Knilch zu benennen. Aber andererseits: Zwerg Nase soll ein großartiger Koch gewesen sein, und da sind wir dann gastronomisch doch wieder auf der richtigen Spur.

Adresse Altonaer Straße 30, Longerich | **Tel.** 0221/977 77 16 | www.zwergnase-koeln.de |
Öffnungszeiten Di–Sa ab 15 Uhr | **ÖPNV** Bahn 15, Haltestelle Herforder Straße |
Sonstiges Deftig-gutbürgerliche Speisekarte, kleiner Biergarten

111_ Das Zwitscherhäuschen

Wo man Vögelchen im Kopf hat

Vogelsang, die Siedlung im Kölner Westen, entstand ab 1930 nach einer Planung auf dem Reißbrett. Aus städtischem Boden wuchs ein beinahe autonomes Dorf für einkommensschwache, oft kinderreiche Familien. Große Grundstücke sollten eine weitgehende Selbstversorgung mit Obst und Gemüse ermöglichen. Über die Jahre expandierte die Ortschaft, und irgendwann wurde es Zeit für eine Dorfschänke. Nachdem Josef Lehmann das Zwitscherhäuschen Ende 1937 (andere Quellen sagen: schon 1933) eröffnet hatte, entwickelte es sich schnell zum erweiterten Gemeindezentrum. Hier wurden Richtfeste und Einzüge genauso gefeiert wie Kindstaufen oder Jubiläen aller Art. Auch trafen sich im Zwitscherhäuschen die örtlichen Vereine, wenn sie nicht ohnehin – wie etwa der Männerchor Volgelsang von 1952 – hier gegründet wurden. Kneipier Josef Lehmann wurde dann auch 1955, vier Jahre vor seinem Tod, zum ersten Ehrenmitglied des Chores gekürt. Direkt vor der Tür des Lokals, am Markt nämlich, begann 1949 zudem jene wohl weltweit einzigartige Volgelsanger Tradition des Kappesrollens. Ein Wettrennen mit kugelnden Kohlköpfen: in Vogelsang ein gängiges Kirmes-Spektakel.

Seit einigen Jahren schon setzt das Zwitscherhäuschen auf kölsche Brauhausküche, ergänzt um spanische Tapas. Äußerlich den schlichten Wohngebäuden ringsum angepasst, erwarten den Gast im Innern wie eh und je zwei helle Räume mit rechts gelegenem Thekenbetrieb.

Der Name »Zwitscherhäuschen« kommt übrigens in direkt zweierlei Hinsicht auf den Punkt. Zum einen versteckt sich hier natürlich die Redewendung vom »Einen zwitschern gehen«, im Sinne von: trinken bis man fröhlich flötet oder Vögelchen im Kopf hat. Und zum anderen steht diese Kneipe eben in Vogelsang, einem Stadtteil, in dem sämtliche Straßen nach jenen zwitschernden Tierchen benannt sind.

Adresse Vogelsanger Straße 452, Vogelsang | **Tel.** 0221/ 299 52 980 | https://zwitscherhauschen.eatbu.com | **Öffnungszeiten** Di–So ab 17 Uhr | **ÖPNV** Bahn 3, 4, Haltestelle Äußere Kanalstraße, dann Bus 141, 143, Haltestelle Vogelsanger Markt | **Sonstiges** Brauhausküche, Tapas, schöner Biergarten am Markt

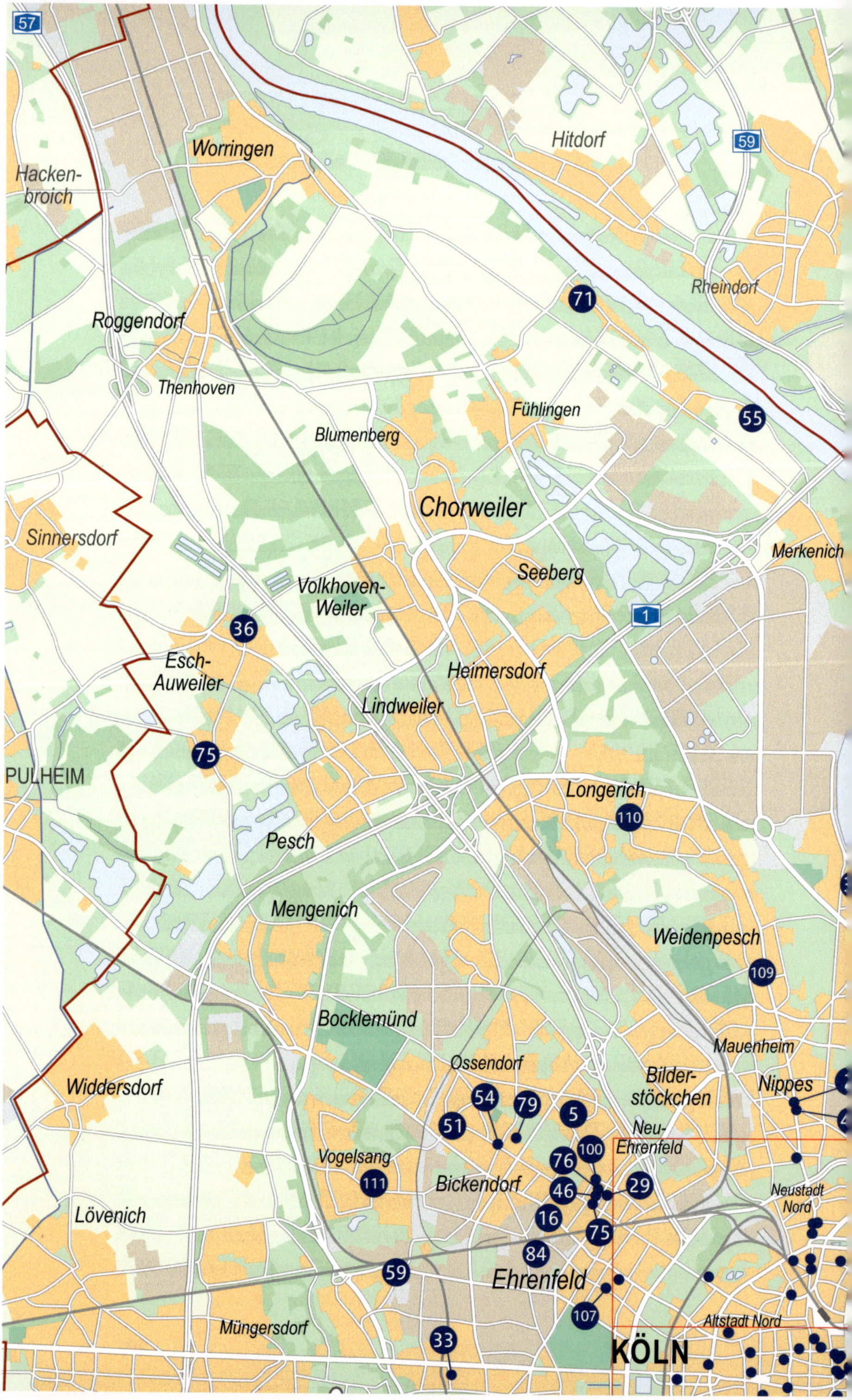
57
Worringen
Hitdorf
59
Hacken-
broich
Rheindorf
71
Roggendorf
Thenhoven
Fühlingen
55
Blumenberg
Chorweiler
Sinnersdorf
Merkenich
Seeberg
Volkhoven-
Weiler
1
36
Esch-
Auweiler
Heimersdorf
Lindweiler
75
PULHEIM
Longerich
110
Pesch
Mengenich
Weidenpesch
109
Bocklemünd
Mauenheim
Ossendorf
Bilder-
stöckchen
Nippes
Widdersdorf
54
79
5
51
Neu-
Ehrenfeld
100
Vogelsang
76
111
Bickendorf
46
29
Neustadt
Nord
Lövenich
16
75
84
59
Ehrenfeld
107
Müngersdorf
Altstadt Nord
33
KÖLN

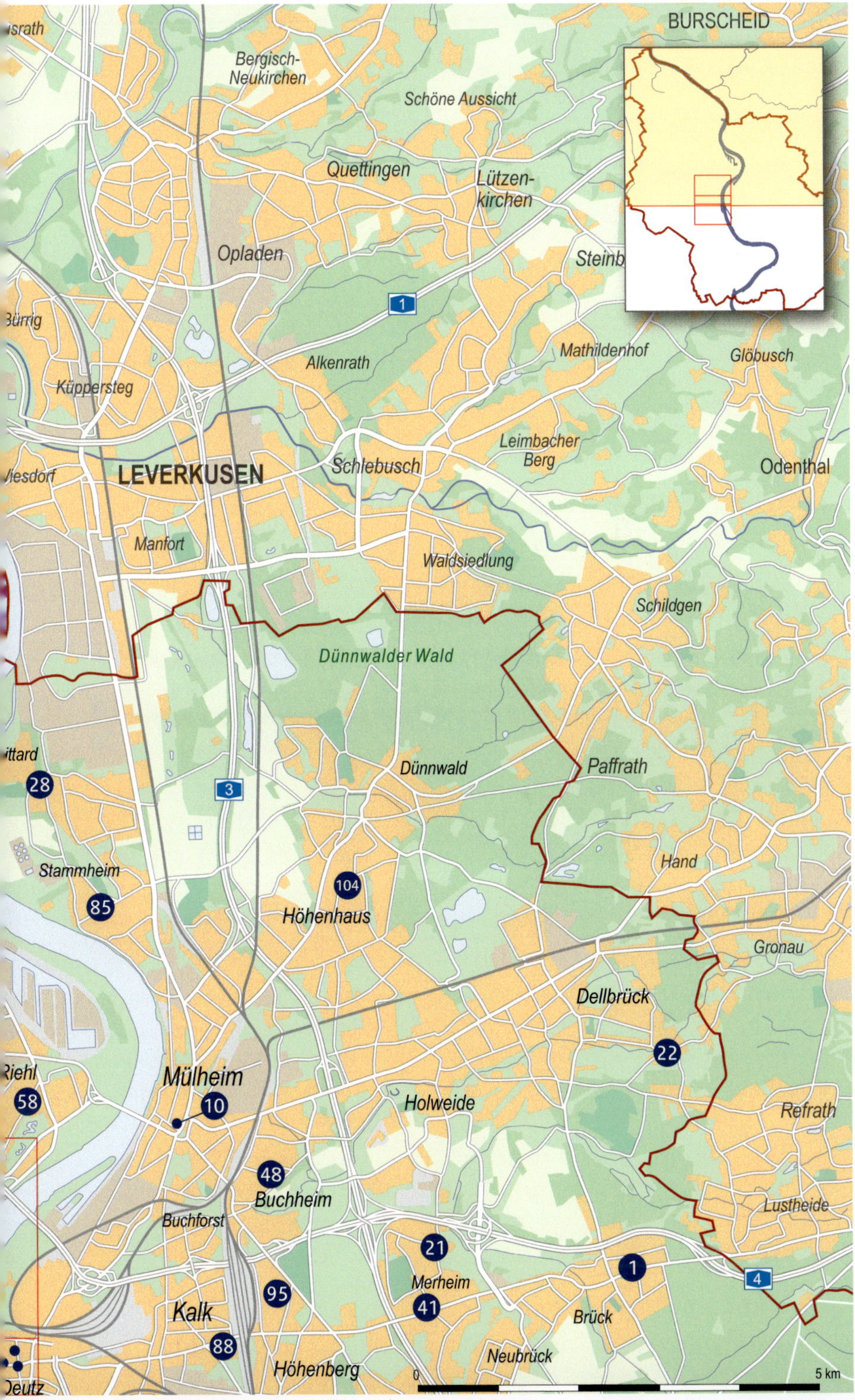

BURSCHEID
Bergisch-Neukirchen
Schöne Aussicht
Quettingen
Lützenkirchen
Opladen
Steinb
1
Bürrig
Alkenrath
Mathildenhof
Glöbusch
Küppersteg
Leimbacher Berg
Wiesdorf
LEVERKUSEN
Schlebusch
Odenthal
Manfort
Waldsiedlung
Schildgen
Dünnwalder Wald
Flittard
28
Dünnwald
Paffrath
3
Stammheim
Hand
104
85
Höhenhaus
Gronau
Dellbrück
22
Riehl
Mülheim
58
10
Holweide
Refrath
48
Buchheim
Lustheide
Buchforst
21
1
Merheim
4
95
Kalk
41
Brück
88
Neubrück
Höhenberg
Deutz
0
5 km

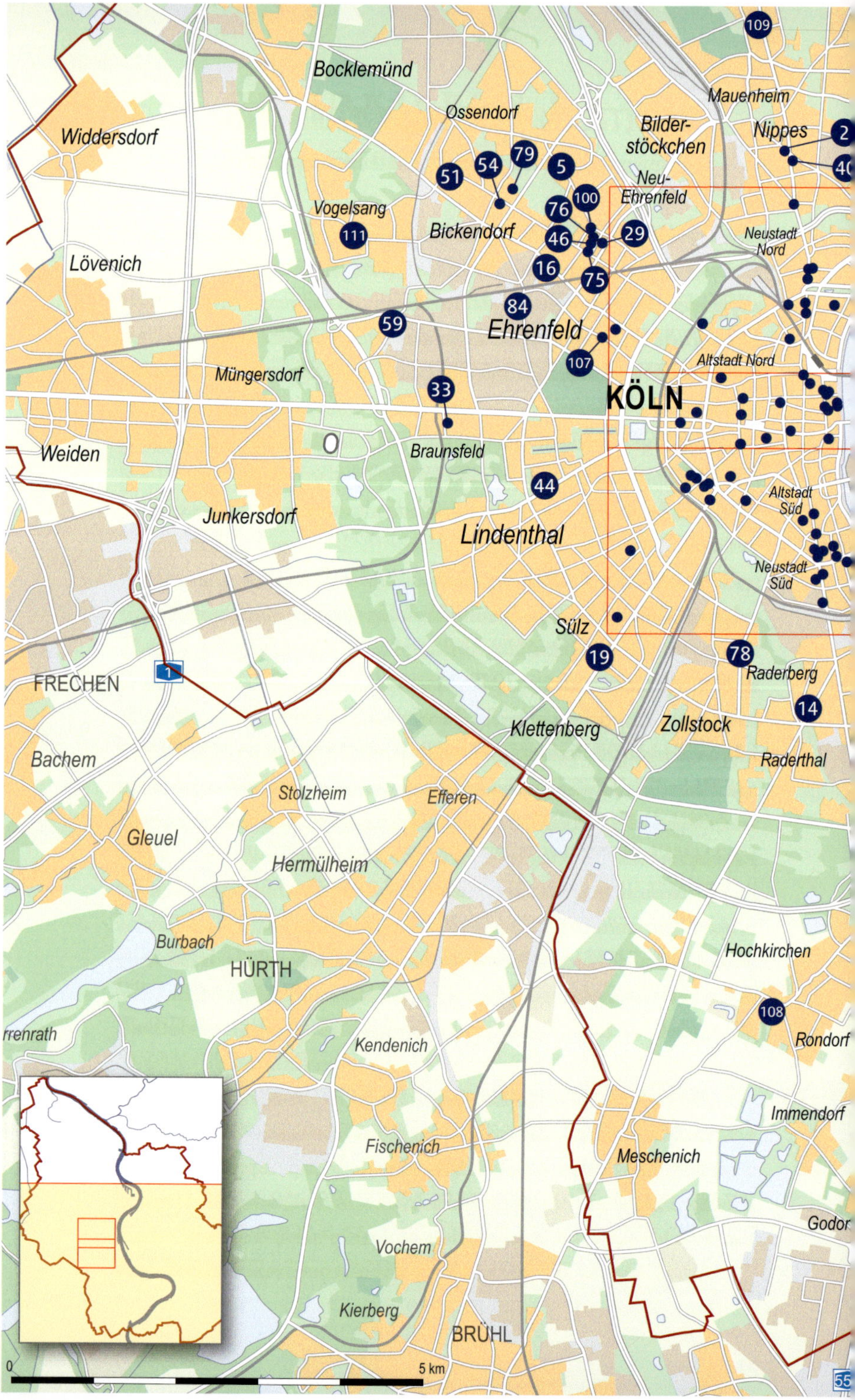
Bocklemünd
Ossendorf
Mauenheim
Nippes
Bilder-
stöckchen
Widdersdorf
Neu-
Ehrenfeld
Vogelsang
Bickendorf
Neustadt
Nord
Lövenich
Ehrenfeld
Altstadt Nord
Müngersdorf
KÖLN
Weiden
Braunsfeld
Junkersdorf
Lindenthal
Altstadt
Süd
Neustadt
Süd
Sülz
Raderberg
FRECHEN
Klettenberg
Zollstock
Raderthal
Bachem
Stolzheim
Efferen
Gleuel
Hermülheim
Burbach
HÜRTH
Hochkirchen
Rondorf
rrenrath
Kendenich
Immendorf
Fischenich
Meschenich
Godor
Vochem
Kierberg
BRÜHL
109
2
40
79
5
54
51
100
76
29
111
46
16
75
84
59
107
33
44
19
78
14
108
1
0
5 km
55

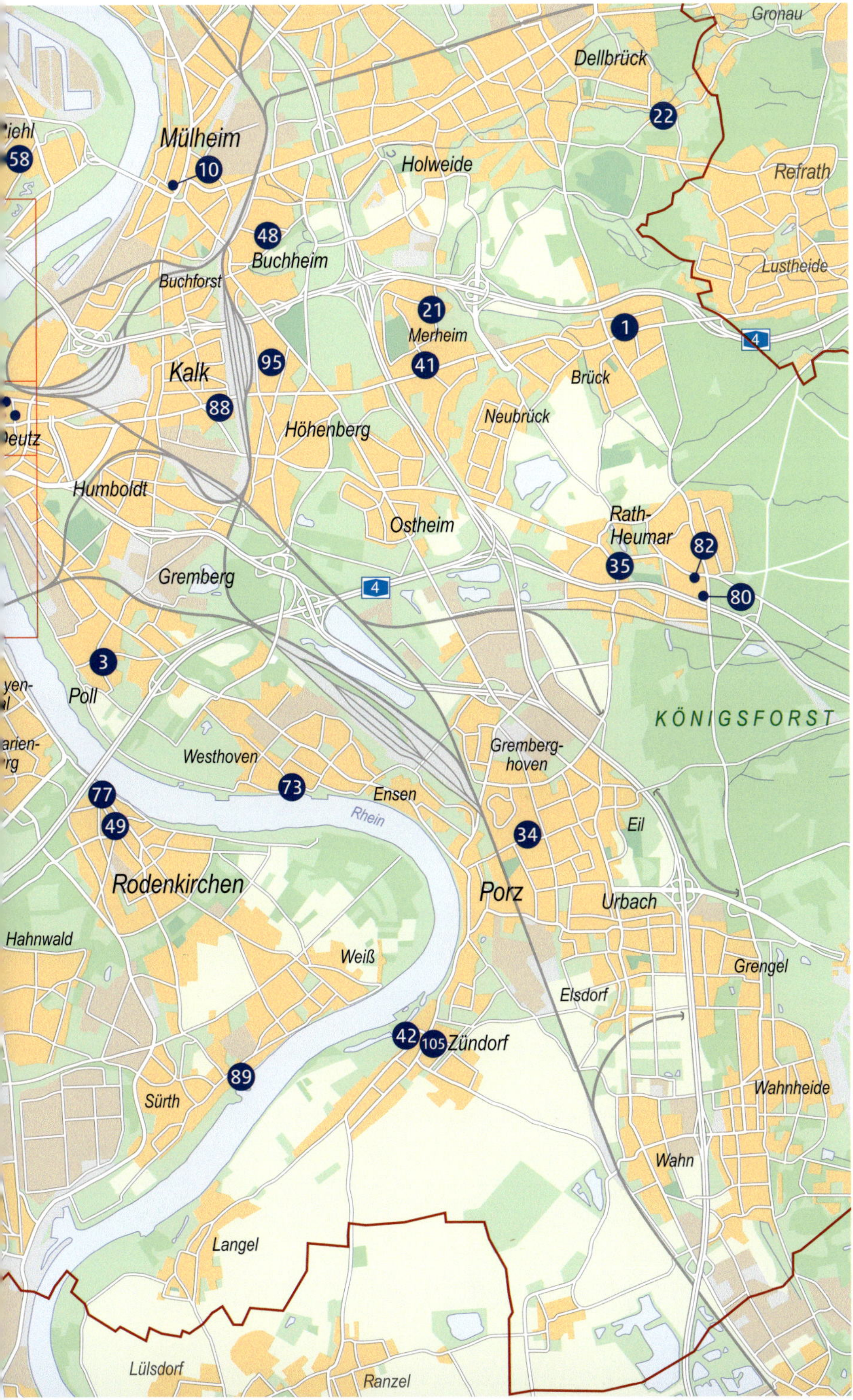

Gronau
Dellbrück
22
Riehl
58
Mülheim
10
Holweide
Refrath
48
Buchheim
Lustheide
Buchforst
21
Merheim
1
4
Kalk
95
41
Brück
88
Deutz
Höhenberg
Neubrück
Humboldt
Rath-
Heumar
Ostheim
82
35
Gremberg
4
80
3
Poll
KÖNIGSFORST
Gremberg-
hoven
Westhoven
73
Ensen
77
Rhein
Eil
49
34
Rodenkirchen
Porz
Urbach
Hahnwald
Weiß
Grengel
Elsdorf
42
105
Zündorf
Wahnheide
89
Sürth
Wahn
Langel
Lülsdorf
Ranzel

0
500
1000 m
Neu-
Ehrenfeld
Liebigstr.
Neustadt-
Nord
Media-Park
Subbelrather Str.
43
Venloer Str.
Innere Kanalstr.
98
Erftstr.
Gladbacher Str.
Kyotost
Altstadt-
Nord
Venloer Str.
72
Innere Kanalstr.
Hohenzollernring
11
Ehrenstr.
60
37
Aachener Str.
Aachener Str.
64
Neumark
Hahnenstr.
Moltkestr.
Aachener
Weiher
90

Zoologischer Garten
Botanischer Garten
Amsterdamer Str.
Niehler Str.
57
Innere Kanalstr.
Neusser Str.
Krefelder Wall
86
7
99
Zoobrücke
Rhein
Theodor-Heuss-Ring
Hansaring
Rheinpark
23
20
4
68
97
Turiner Str.
81
Altstadt-Nord
Hauptbahnhof
Messe
Dom
Hohenzollernbrücke
61
30
15
74
18
106
25
96
12
87
39
62
83
Hohe Str.
Schildergasse
Deutzer Brücke
Deutz
8
Am Leystapel
66

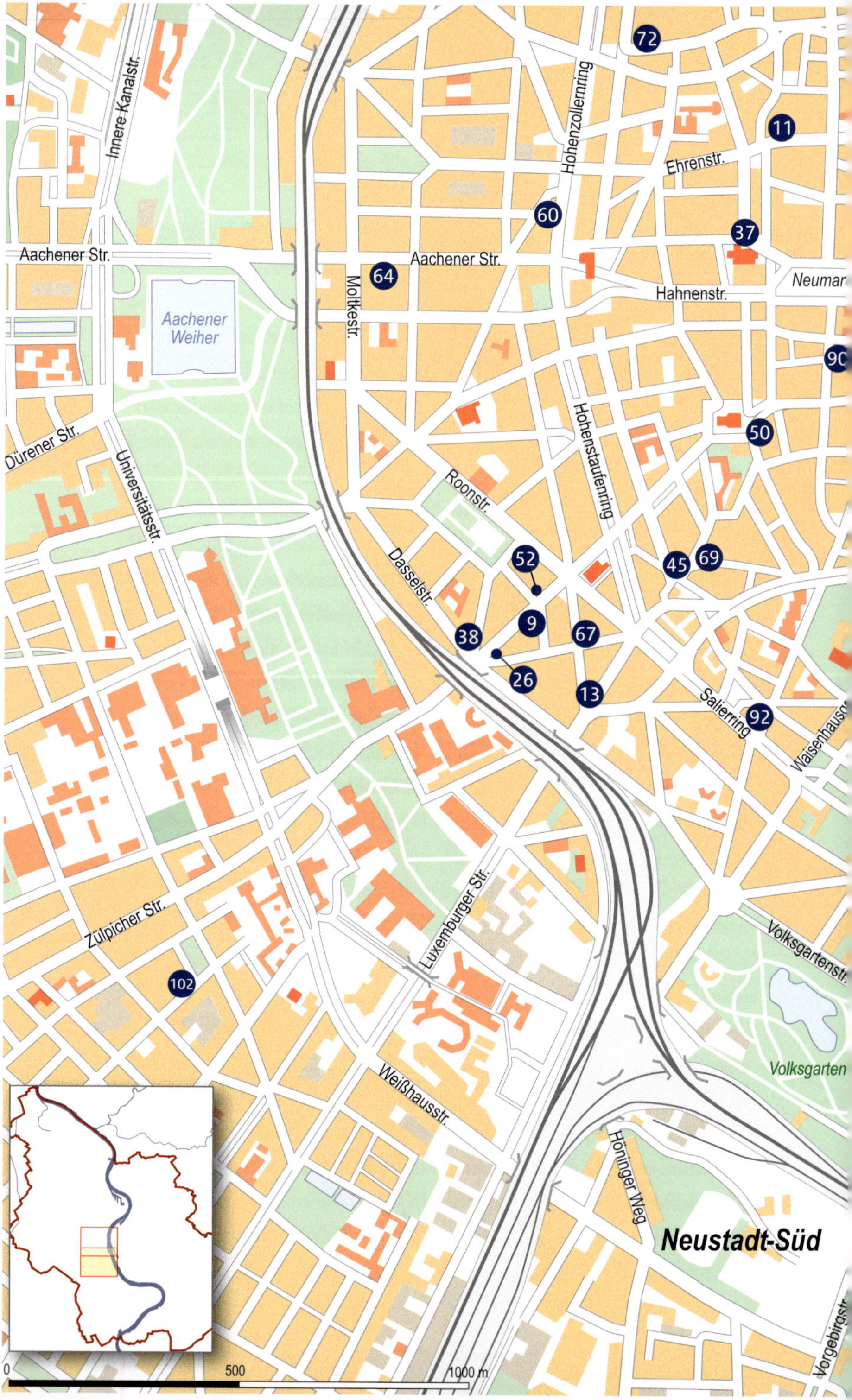

72
11
Hohenzollernring
Innere Kanalstr.
Ehrenstr.
60
37
Aachener Str.
Aachener Str.
64
Moltkestr.
Hahnenstr.
Neumar
Aachener Weiher
90
50
Dürener Str.
Universitätsstr.
Hohenstaufenring
Roonstr.
52
45
69
Dasselstr.
9
67
38
26
13
Salierring
92
Waisenhaus
Luxemburger Str.
Volksgartenstr.
Zülpicher Str.
102
Volksgarten
Weißhausstr.
Höninger Weg
Neustadt-Süd
Vorgebirgstr.
0
500
1000 m

Dom
Hohenzollernbrücke
Hohe Str.
childergasse
Deutzer Brücke
Deutz
Am Leystapel
Severinsbrücke
Perlengraben
Rheinauhafen
Rheinauhalbinsel
Landsbergstr.
Altstadt-Süd
Severinstr.
Deutzer Hafen
Sachsenring
Karolingerr.
Ubierring
Vorgebirgstr.
Rolandstr.
Bonner Str.
Teutoburger Str.
Rhein
Friedens-
park
Südbrücke
61
30
15
74
18
106
25
96
12
87
39
62
83
8
66
24
101
103
17
63
31
94
91
65
27
6
53
93

Hinweis für kommende Auflagen dieses Buches:
Nicht immer war es möglich, die Geschichte der aufgeführten Lokale lückenlos zu rekonstruieren. Manches liegt im Nebel des Vergessens, verborgen hinter Alkoholfahnen und Blauem Dunst. Wenn Sie also Fehler entdeckt oder ein Lokal vergeblich gesucht haben, das Ihnen besonders am Herzen liegt, dann schreiben Sie uns bitte. Ihre Informationen werden in die kommenden Auflagen eingearbeitet.
Alle Einwände und Anmerkungen bitte an: thekentaenzer@netcologne.de.

Der Autor

Bernd Imgrund, geboren 1964 in Köln, arbeitet als Autor und Journalist. Er schrieb u. a. eine Kulturgeschichte des Skatspiels (Das Skat-Lesebuch) sowie den Schelmenroman Quinn Kuul. Im Emons Verlag erschienen u. a. die Stadtführer »111 Kölner Orte, die man gesehen haben muss« (Band 1 und 2).

Der Fotograf

Thilo Schmülgen, geboren 1975 in Düren, arbeitet seit 2000 als freier Fotograf und Bildjournalist. Erste Bilder veröffentliche er als Schüler in einer lokalen Tageszeitung, später assistierte er bei Tom Pochert in dessen Studio für Werbe-, Architektur und Industriefotografie. 2001 legte er die externe Prüfung zum Fotografen ab.
Seine Arbeiten erscheinen in Tageszeitungen, Magazinen und Buchveröffentlichungen.
www.thiloschmuelgen.com